林崇德教授提笔书写“师魂”（姜媛，2019年4月28日摄）

师魂

新时代师德八讲

林崇德 著

THE LOFTY SPIRITS OF TEACHERS

浙江教育出版社·杭州

图书在版编目（CIP）数据

师魂 : 新时代师德八讲 / 林崇德著. -- 杭州 : 浙江教育出版社, 2022.1
ISBN 978-7-5722-2390-7

Ⅰ. ①师… Ⅱ. ①林… Ⅲ. ①师德－研究 Ⅳ. ①G451.6

中国版本图书馆CIP数据核字(2021)第202420号

师魂：新时代师德八讲

SHIHUN: XINSHIDAI SHIDE BAJIANG

林崇德 著

责任编辑 江　雷　　**文字编辑** 王方家
美术编辑 韩　波　　**封面设计** 张伯阳
责任校对 陈阿倩　　**责任印务** 陆　江

出版发行 浙江教育出版社
（杭州市天目山路40号　电话：0571-85170300-80928）
图文制作 杭州林智广告有限公司
印刷装订 杭州佳园彩色印刷有限公司
开　　本 880 mm×1240 mm　1/32
印　　张 7.875
插　　页 1
字　　数 160 000
版　　次 2022年1月第1版
印　　次 2022年1月第1次印刷
标准书号 ISBN 978-7-5722-2390-7
定　　价 48.00元

前言

《师魂》是我2012年承担“教育部哲学社会科学研究普及读物项目”的一项成果，由教育部社会科学司统一交由高等教育出版社出版，我按要求与高等教育出版社签了5年(2014—2019)的出版合同。这5年中，《师魂》不仅成为中小学教师的重要读本，而且为许多师范院校师德课程的参考书。与此同时，在智慧树的支持下，我把《师魂》的一些内容制作成电子音像版，该版成为全国280多所高校，尤其是师范院校的师德教程，2019年1月《师魂》电子音像版获得教育部“国家精品课程”奖，2020年11月又被评为“国家级一流本科课程”。

这次《师魂》再版，我延续了第一版的体系以及纸质版和电子音像版的内容，同时也做了三部分较大的修改：一是重写了引子(第一版叫引言)，把“讲师德必须处理好八个关系”作为引子的主题；二是每一讲都补充了一些新内容；三是展示了教育部教师工作司委托我主持的师德培训课程研究项目中“中小学教师师德培训”的要求。《师魂》的再版，目的是为师德这个常讲不衰的教育课题增加一些新意，也希望它能在新时代教师师德师风建设中尽一份微薄之力。

近年来，我一直参与教育部研制相关师德文件的讨论，从中我深深地体会到师德师风建设的重要性，以及科学地论述师德师风的必要性，这也激发了我修订《师魂》的动力。修订好的《师魂》交给哪家出版社呢？浙江教育出版社。我在《师魂》的结束语“师德精神　代代相传”中表达了我的师德观来自我的老师：在小学、初中、高中、大学，我都遇到了恩师，在这些恩师高尚师德的熏陶下，我逐渐继承并形成了自己的师德观，并在自己的教育生涯中进行了师德的践行。我出生在浙江省宁波市象山县，象山石浦中心小学是我成长之路的第一站，所以把修订好的《师魂》交给浙江教育出版社出版是最合适不过了。

在《师魂》的再版过程中，浙江教育出版社高度重视，责任编辑江雷从约稿到出书每个环节都认真投入，他高度的责任心和对出版事业的忠诚，给我留下了深刻的印象。于此，一并表示感谢！

林崇德

2021 年五一国际劳动节于北师大

目录

引　子

讲师德必须处理好八个关系

师德是深厚的知识修养和文化品位的体现，育人的根本在于立德。

师德，是一个老话题，是一个常讲不衰的话题。讲师德并不是说教师的师德问题太多，而是要讲进一步确立师德在教师队伍建设中的核心地位。

伟大的中华民族历来重视师德。战国时代就已经明确提出“师也者，教之以事而喻诸德者也。保也者，慎其身以辅翼之而归诸道者也”[①]。意思是说，所谓师，是用具体事例教导并用它说明各种德行的人；所谓保，是以自己谨慎的言行来辅佐世子使之发于正道的人。[②]这是中国古代较早提出的教师应遵循的职业道德原则。从孔子到孙中山都提倡师者修德，追求“师范端严，学明德尊”的境界。中华人民共和国成立后，我们党和国家领导人对中华民族文化的师德观坚定继承和不断创新，始终重视教师的师德建设。进入新世纪，党的十八大报告明确地指出“加强教师队伍建设，提高师德水平和业务能力”。《中华人民共和国教师法》中提出的教师义务的首条就是“遵守宪法、法律和职业道德，为人师表”。可见，我们党

① 孙希旦. 礼记集解（全三册）[M]. 北京：中华书局，1989：563.

② 林崇德. 师德通览[M]. 济南：山东教育出版社，2000：234–235.

和国家的领导人都把继承弘扬中华民族文化的师德观放在整个教师队伍建设的核心地位上。

2021 年两会上，习近平总书记在看望参加政协会议的医药卫生界、教育界委员时的讲话中指出："做好老师，就要执着于教书育人，有热爱教育的定力、淡泊名利的坚守……要把师德师风建设摆在首要位置。"习近平总书记再次强调好老师"要有理想信念、有道德情操、有扎实学识、有仁爱之心"。

从中我体会到，要成为一名好老师，涵养高尚师德，必须处理好八个关系：

一是与国家的关系。习近平总书记在同北京师范大学师生代表座谈时的讲话中指出："三寸粉笔，三尺讲台系国运；一颗丹心，一生秉烛铸民魂。"由此可见，在国家、专业和个人三个层面上，师德在国家层面的意义是第一位的。早在 1972 年，我看了当时湖南花鼓戏电影《园丁之歌》后写下了这句话："谁说我不是园丁，每天都在学生心田中耕耘；愿将我满头的白发，去换得祖国的栋梁如荫如林。"我当时的本意就是要表达教师与国家的关系。今天，我们的祖国已经是充满"四个自信"、有着"中国梦"、全面建成小康社会的国家，我们作为教师，更要把国家的利益放在首位。

二是与学生的关系。教育是由教师与学生组成的一个结构，教师工作的主要对象是学生，"产品"是学生，成就也是学生。离开了学生，我们作为教师还有什么意义呢？新冠肺炎疫情暴发的这一年多来，中央领导对学生问题作了二十多个批示，体现了"人民至上"（"学生至上"）、"生命至上"的理念，体现了我们的党中央和国家对学生无比的关怀。师德的灵魂是师爱，没有爱就没有教育。因此，好老师必须有仁爱之心，教师只有在关爱学生上下功夫才能紧扣教书育人的根本。

三是与事业的关系。毛主席指出：“忠诚党的教育事业。”习近平总书记提出的“四有”好老师，第一位就是有理想信念。由此可见，党和国家领导人长期要求教师爱岗敬业，培育师德是国之大计、党之大计。因为教育事业从来就是关系到当下、关系到未来的国家大事，从来就是党的事业的一个重要组成部分。因此，要增强教师的事业心，并突出地表现在敬业意识、乐业意识、职业规范意识、勤业意识四个方面。

四是与业绩的关系。讲事业就有一个业绩问题，即评价的问题。历代伟人都把“培养什么样的人、怎样培养人、为谁培养人”作为教育的核心，提出了“少年强则中国强”等理念，我们要在青少年培养中做出业绩。对于我国的高校，就是要培养出对国家有用的人才，而不是为其他国家的高校输送一去不复返的生源。QS世界大学排名、大学学科排名提出了一个“雇主关系”的指标，我开始不解其意，后来仔细琢磨，发现可以理解为学生的成就，它关系到学校、学科和教师的业绩。如果北京师范大学真正建成中国教师教育的中心，那就是在创“雇主关系”上最大的业绩，是一件功德无量的大事。

五是与修养的关系。我年轻时读过《论共产党员的修养》，深知修养的价值。师德就是强调教师的修养，而北京师范大学的校训“学为人师，行为世范”就是教师修养的最佳诠释。

这句校训突出的是“师者，人之模范也！”它是教师道德情操、为人师表既抽象又形象的标准。

六是与学识、学术的关系。“道不明，无以为教；德不彰，无以为才。”我把“道”理解为学识、理解为学术。好老师必须有扎实的学识，这是教书育人之师能的基础；学术是教师，尤其是高校教师的生命，同时也表明学术道德在师德中的重要地位。因为崇尚学术，正是新时代教师队伍，特别是高校教师队伍建设、师德师风建设的关键所在。学术是崇高而神圣的事业，搞学术必须遵循学术道德规范。玷污学术，学术失德，是教师的耻辱。

七是与教育公平的关系。2021年全国“两会”，教育议题的重点是教育公平问题，这个问题涉及面太广，但在一定意义上与教师紧密相关。从师德要求来说，教师必须做好两件事：其一，投身学校、家庭和社会协同育人机制中去；其二，对学生必须一视同仁、平等对待，以便把我们的爱像涓涓的流水那样渗透进学生的心田。

八是与日常表现的关系。习近平总书记说过，在学生眼里，老师“吐辞为经、举足为法”，一言一行都给学生以极大影响。教师是学生的楷模，是学生模仿的榜样，在某种程度上，有什么样的教师往往就有什么样的学生。我经常讲，我的心理学功底是北京师范大学心理专业的老师们给的。当年教过我们（1960级）的名师多，按照专业课程的开设次序，彭飞、张厚粲、朱智贤、章志光等老师先后给我们上课，可以说我今天的讲课风格深受他们潜移默化的影响，尤其是我的导师朱智贤教授，给我人生两个最大的影响：对党和国家的忠诚，对事业的创新精神。所以，合格的老师必须是师德的合格者，处处、时时、事事注意自己的一举一动，以德施教，以德立身。

以上八个关系，可视为师德内容的出发点，而师德的内容或教师职业规范，一般由国家教育部门来制定。2011 年，教育部、中国教科文卫体工会全国委员会共同印发《高等学校教师职业道德规范》，内容为“爱国守法、敬业爱生、教书育人、严谨治学、服务社会、为人师表”。教育部颁发的《中小学教师职业道德规范》有多个版本，较新的有 1997 年和 2008 年两个版本。1997 年版本涉及“依法执教、爱岗敬业、热爱学生、严谨治学、团结协作、尊重家长、廉洁从教、为人师表”八条，2008 年修订版涉及“爱国守法、爱岗敬业、关爱学生、教书育人、为人师表、终身学习”六条。对照这两个版本，1997 年旧版本第四条“严谨治学”的主要内容，分解到 2008 年新版本的第四条“教书育人”和第六条“终身学习”里；旧版本第五条“团结协作”、第六条“尊重家长”、第七条“廉洁从教”、第八条“为人师表”的主要内容，都集中体现在新版本第五条“为人师表”里。尽管《中小学教师职业道德规范》的内容有许多变化，但结合上述的《高等学校教师职业道德规范》，我们可以发现，主旨没有变，依然突出“责任”与“爱”。“责任”与“爱”是教育的永恒主题，也是高尚师德师风的具体表现。每一位教师，无论是高校教师、中小学教师还是幼儿园教师，都应该切实承担起一份教育者的社会责任，都应该对学生充满爱心。2018 年教育部又颁发了以下三个文件:《新时代高校教师职业行为十项准则》《新时代中小学教师职业行为十项准则》《新时代幼儿园教师职业行为十项准则》,明确新时代职业规范，划定基本底线。这些加强师德师风建设要求的提出，并不是说我国师德问题太多，而是要进一步明确师德在教师队伍建设中的核心地位。这三个文件发布以来，全国师德师风建设整体水平得到明显提升。

研究师德的地位，揭示师德的内涵与发展，履践师德规范要求，研究现代师德建设的根本途径及民族化、个性化成长中继承与创新的统一，是本书的写作初衷，希望有更多的人参与研究、深入探讨。

第一讲

贵师德，中华文明立其根

教育为先、重视教师是中华民族的优良传统。享有中国“最早教育学著作”美称的《礼记·学记》有如下论述：“古之王者，建国君民，教学为先。”这是强调，教育是一个民族立国强民的根本，也就是“百年大计，教育为本”的道理。

集儒家之大成的《荀子·大略》[①]中有如下论述：“国将兴，必贵师而重傅；贵师而重傅则法度存。国将衰，必贱师而轻傅；贱师而轻傅则人有快（肆意，放纵），人有快则法度坏。”这是强调，教师在国家兴衰中所起的重要作用，也就是“教育大计，教师为本”的道理。

在《荀子·修身》中还有如下论述：“礼者，所以正身也；师者，所以正礼也。无礼，何以正身？无师，吾安知礼之为是也？”这是强调，“礼”是社会的最高行为规范，是立身处世的标准，是用来端正身心的；而这个标准是由教师来传授、践行和示范的。如果没有“礼”，怎么规范人们的行为呢？如果没有教师，我们怎么知道“礼”的内容和标准呢？教师的地位之所以重要，在于他们担负着解释、传播、践行、示范“礼”的作用，他们与国家的兴衰、法度的存废、人心的善恶

① 本讲中的诸子论述出处全来自中华书局版《新编诸子集成》。

有着密切的联系。这也是“教育大计，教师为本”的道理。

但是，教师怎样才能真正成为教育之“本”，怎样才能获得全社会的尊重呢？

对诸子百家思想兼收并蓄的《吕氏春秋》一书中有这样的论述：“为师之务，在于胜理，在于行义。理胜义立则位尊矣。”“遗理释义，以要不可必，而欲人之尊之也，不亦难乎？”这是强调教师自身必须明辨事理又能够践行职责，为人师表，只有做到“理胜义行”才能够受到社会尊重。如果丢掉了“理”，放弃了“义”，还想获得人们的尊重，那就很难了。难怪《礼记·学记》中还有“择师不可不慎也”的论述，也就是说“教师大计，师德为本”。

一、师德的内涵应该与中华民族优秀传统文化的内涵相融

师德，是中华民族优秀传统文化的精髓，师德的内涵应该与中华民族优秀传统文化的内涵相融。

让我们重温中华民族优秀传统文化的特点。

文化，又名文明，广义指人类在社会实践过程中所获得的物质、精神的生产能力和创造的物质、精神财富的总和，特别是指精神财富，如文学、艺术、教育、科学等，也包括社会认知、社会行为、社会风俗和社会规范等文明的特点。

中华文明虽经历了五千多年的历史变迁，但始终一脉相承，积淀着中华民族最深层的精神追求，代表着中华民族独

特的精神标识，为中华民族生生不息、发展壮大提供了丰厚滋养。因此，要加强对中华优秀传统文化的挖掘和阐发，努力实现中华传统美德的创造性转化和创新性发展。

现在，谈中华民族优秀传统文化特点的人很多，发表的文章也不少，处于一个百花齐放的状态。这里，我从学习胡锦涛同志关于中华民族文明的讲话①，学习张岱年前辈②和楼宇烈学长③等人的观点，来谈谈对中华民族优秀传统文化的认识。

概括来说，中华民族优秀传统文化以德为核心，中华民族的美德是中华文明的基石；中华文明表现在中华文学、艺术、教育、科学四个方面，它们构成了中华文明的四座丰碑；中华文明以自强不息与和谐为两大精神支柱，这二者又是中华文明发展的动力；中华文明以民为出发点，以法制和睦邻为发展的手段，是历代施行仁政、稳固江山的方法。就这样，中华民族在五千多年的漫长历史中形成了独具特色的传统文化。

第一，中华民族历来崇德重德。

孔子讲“为政以德，譬如北辰，居其所而众星共之”，“道之以政，齐之以刑，民免而无耻；道之以德，齐之以礼，有

① 胡锦涛在美国耶鲁大学的演讲（全文）[EB/OL].(2006-04-22).http://news.xinhuanet.com/politics/2006-04/22/content_4460895.htm.

② 张岱年.中国文化优秀传统内容的核心[J].北京师范大学学报：社会科学版，1994(4)：21–22.

③ 楼宇烈.中国文化中的儒释道[J].中华文化论坛，1994(3)：38–47.

耻且格”。[①] 这都是强调“德政”，即有益于人民的政治措施。汉文帝刘恒以仁孝名闻天下，侍奉母亲从不懈怠。母亲卧病三年，他常常目不交睫，衣不解带。母亲所服的汤药，他亲口尝过后才放心让母亲服用。他在位期间，重德治，兴礼仪，注意发展农业，使西汉社会稳定，人丁兴旺，经济得到恢复和发展，他与汉景帝的统治时期被誉为“文景之治”。

《荀子·强国》中说：“礼乐则修，分义则明，举错则时，爱利则形，如是，百姓贵之如帝，高之如天，亲之如父母，畏之如神明，故赏不用而民劝，罚不用而威行。夫是之谓道德之威。”也把道德之威视为“国威”之一，这正是“德治”的道理所在。而《左传·隐公十一年》“既无德政，又无威刑，是以及邪”则道出了不重视“德治”的后果。

中华民族不仅重视德政，还强调提高个人的道德修养，强调“君子进德修业”，形成了下面要展开的仁、义、礼、智、信的“五常”之德。《礼记·大学》强调“大学之道，在明明德，在亲民，在止于至善”。这都是讲个人要提高自身的道德修养，学校也要注重培养人的德行。可见，中华民族的美德源远流长，这是中华民族文化的核心，是中华民族文化的基石。

第二，中华民族历来重视文学创作。

古代中国，曾把一切用文字书写的文献或书籍统称为文学。中华文明有诗歌、散文、小说和戏曲创作的悠久历史，留下了丰富的文化瑰宝。中华民族是诗歌之乡，《诗经》、《楚

① 本讲《论语》出处全来自毛起《论语章句》（南京大学出版社，2009）。

辞》、乐府诗、唐诗、宋词等是中华民族一代又一代的优秀诗歌作品；六朝以来，为区别于韵文和骈文，把凡不押韵、不重排偶的文体称散文，产生了包括经传史书在内的中华民族的散文瑰宝；小说创作可追溯至春秋战国时期，《庄子·外物》和后来的《汉书·艺文志》均有记录，唐传奇、宋元话本、明清章回小说，尤其是四大名著震撼世界；中华民族有戏曲创作的漫长历史，汉有歌戏、百戏和角抵，唐有歌舞，北宋时形成宋杂剧，金末元初产生元杂剧，明清时各种剧种广泛兴起。所有这一切，都为中华文明增添光彩，都昭示着中华文明既重视道德的发展、理性的发展，也重视感性的体验、感情的抒发。

第三，中华民族历来崇尚艺术。

中华民族文化包含多种艺术形式，如音乐、舞蹈、杂技、说唱、戏曲、绘画、书法、雕塑、建筑、工艺等。在不同的艺术门类上，中华文明都形成了丰富的艺术宝库，不同的地域还形成了不同的艺术风格。在原始社会，中华民族就有音乐、舞蹈等艺术，到夏、商、周时期形成了“宫、商、角、徵、羽”五声，有了正式的礼乐制度。同样是在原始社会开始有陶器、岩画等艺术，从夏、商、周时期开始，青铜艺术和玉石艺术逐渐成熟，这一时期还开始产生书法艺术，并出现了早期的瓷器，到汉代时瓷器艺术进入成熟阶段。隋唐时期，中华文明的各种艺术都达到巅峰，并一直不断地发展，成为世界上最独特和璀璨的明珠。中华文明是追求美、创造美的文明。

第四，中华民族历来重视科技发明。

中华民族对科技发明的重视，使中华民族在很长历史时期内一直领先于世界各国。如北宋时期的著名科学家沈括，他是卓越的工程师，出色的军事家、外交家和政治家；精通天文、数学、物理学、化学、生物学、地理学、农学和医学；他晚年所著的《梦溪笔谈》是中国科学史上的坐标，内容极为丰富，包括天文、历法、数学、物理、化学、生物、地理、地质、医学、文学、史学、工程技术、音乐、美术等600余条。其中属于科学技术方面的有200余条，反映了我国古代特别是北宋时期自然科学取得的辉煌成就。

中华民族的科技文明在历史中的领先地位也是吸引英国著名科技史学家李约瑟一生醉心于中国科技文明的原因。李约瑟几十年都坚持寻书访友，尽最大可能搜集文献、实物和口碑资料，钩玄提要，探幽烛微，见微知著。他从一张告诫行人慎防恶犬的墙贴印证我国早期的印刷术；从大渡河上的铁索桥联想到当年钢铁冶炼工艺的水平；从涌潮、验潮、潮汐表以及有关理论推演出一部引人入胜的潮汐学史。① 坦普尔的《中国的创造精神：中国的100个世界第一》②一书是对中华文明的科学创造精神的最好诠释，它使西方读者对中国古代科技成就有了一个概括性的了解。在序言里，李约瑟提

① 夏侯炳.简论李约瑟及其《中国科学技术史》[J].江西图书馆学刊，1995(2):53–57.

② 坦普尔.中国的创造精神：中国的100个世界第一[M].陈养正，译，北京：人民教育出版社，2004.

出了一个根本问题：为什么中国竟然如此遥遥领先于其他国度？这是因为中华文明具有崇尚自主的人格、质疑求真的特质、“和而不同”的思维特点以及“崇尚理性”的精神。正是由于中华文明具有这种崇尚科学的精神，无论经过了多少挫折，中华民族才总是能迅速地发展科技，屹立于世界民族之林。中华文明是不断创新、不断前进的文明。

第五，中华民族历来以教育为先。

中华民族是礼仪之邦，其基础在于教育。从某种角度看，中华文明的发展史甚至可以与教育发展史画上等号。早在六千多年前，中国就有原始社会的教育，从黄帝时期起，教育就走向了有意识、有目的的状态。从中华民族最早的学校“成均、庠、序、校”，到西周集前代之大成，出现了一套较完备的学制系统，设立“官学”和“乡学”，春秋时期又出现了孔子的儒家私学。从西周的官学到孔子的私学已有完整的课程设置，即礼、乐、射、御、书、数的六艺。中华民族在历代办教育的过程中，逐步形成儒学的指导思想。在尊师重教的同时，要求教师不仅教书，更要注重育人。虽然历代学校的类型、名称不同，对学生、老师也有不同的称谓，但尊师爱生、教学相长、言传身教历来是师生关系的基本准则，这就形成了社会文明大计教育为本的趋势。

第六，中华民族历来坚持自强不息，不断革故鼎新。

孔子说“生无所息”。孔子有位弟子叫子贡，据传，子贡觉得跟孔子做学问太辛苦，提出想少学几样学问，少尽几种社会责任，孔子都不答应。子贡便问：何时可以休息？孔子说：“看见那一个个像大鼎一样、像小山包一样的坟头了吗？当你进入那里时，就可以休息了。”生命不息，奋斗不止，这就是孔子的人生信条。

《周易》曰“天行健，君子以自强不息；地势坤，君子以厚德载物”，荀子道“君子敬其在己者而不慕其在天者，是以日进也”。中华民族从来就不怨天尤人，反而把挫折当作考验，活着就是要自强不息。

汉代司马迁被处以宫刑，肉体和心灵的巨大耻辱，激起了他顽强的斗志。他发奋写作，以惊人的毅力完成了 52 万字的鸿篇巨制《史记》，实现了他“究天人之际，通古今之变，成一家之言”的伟大理想。

明代庄元臣《叔苴子内编》中有“功生于败，名生于诟”之句，就是把磨难乐观地视为“天将降大任于斯人也”的必然。而清代蒲松龄自勉联“有志者，事竟成，破釜沉舟，百二秦关终属楚；苦心人，天不负，卧薪尝胆，三千越甲可吞吴”也成为人人传诵的佳句。

中华民族之所以能在五千年的历史进程中生生不息、发展壮大，历经挫折而不屈，屡遭坎坷而不馁，靠的就是这种发愤图强、坚忍不拔、厚德载物、革故鼎新、与时俱进的精神。

第七，中华民族历来以和为贵，强调社会和谐、心理和谐和团结互助。

孔子说“君子和而不同”；孟子说“爱人者，人恒爱之；敬人者，人恒敬之”，“老吾老，以及人之老；幼吾幼，以及人之幼”；庄子说“与人和者，谓之人乐；与天和者，谓之天乐”，这都是强调人际和谐与社会和谐，同时，“天人合一”“仁爱及物”还强调人与自然的和谐。从古至今，我们强调的都是“和为贵”的思想，追求天人合一、人际和谐、身心和谐，向往人人相亲、人人平等、天下为公，立足于人的现世关怀，确立起人性自足、终极关怀的价值系统。

第八，中华民族历来为民利民，以民为本，尊重人的尊严和价值。

“民惟邦本，本固邦宁”，“天地之间，莫贵于人”，中华文明历来强调以人民为社稷的根本，以人民的利益为根本利益，强调要利民、裕民、养民、惠民，实现社会公平和正义。在历史上不乏“居庙堂之高则忧其民”“圣人无常心，以百姓心为心”的明君，例如，唐太宗从波澜壮阔的农民战争中认识到人民群众力量的伟大，吸取隋朝灭亡的教训，非常重视老百姓的生活。他强调以民为本，常说：“君，舟也；人，水也。水能载舟，亦能覆舟。”太宗即位之初，下令轻徭薄赋，休养生息。唐太宗爱惜民力，他患有气疾，不适合居住在潮湿的旧宫殿，却一直在隋朝的旧宫殿里住了很久。他还下令合并州县，革除“民少吏多”的现象，以减轻人民的负担。

第九，中华民族历来重视法制，重视依法治国。

中华文明早在春秋时期就重视“修法治，广政教”，把法治作为国家强盛的必由之路。战国时期，更是以法为“天下之仪”。韩非子集法家学说之大成，“以道为常，以法为本”，把法治和术治、势治相结合，形成了系统的法治理论。从秦以后各代，都推行“以法治国”“治强生于法”“刑过不避大臣，赏善不遗匹夫”等，不断发展和完善了法制思想和法治实践。法治强调以法为裁决根本，在法律面前人人平等。贯彻依法治国就是推行仁政，法治也正是历代仁政统治者所执行的治国方略，“崇效天，卑法地”。

第十，中华民族历来注重亲仁善邻，“讲信修睦”，讲求国与国之间的“和睦相处”。

道家创始人老子在《道德经》中讲“以道佐人主者，不以兵强天下，其事好还”，“兵者，不祥之器，非君子之器，不得已而用之，恬淡为上”，这些慧语阐明了中华民族历来热爱和平、反对战争的态度。中华文明遵循“强不执弱”“富不侮贫”的国家交往准则，认为只有以德服人才能“协和万邦”，才能“天下之人皆相爱”，这是强调国家之间相处的原则。“海纳百川，有容乃大”，强调对待他国的文明要真诚地尊重和包容，要兼收并蓄、博采众长，要以合作谋求和平、反对战争，要以双赢促进人类发展、国际繁荣。由此发展而来的“和平共处五项原则”，尤其是党的十八大提出的“人类命运共同体”成为国际上广为接受的国家交往准则。这也就是中华文明所强调和推崇的“以和为贵”“天下大同”。

由此可见，中华民族文化博大精深，并通过一代又一代的传承，得以发扬光大，绽放出夺目的光芒。而中华民族的师德观，正是中华民族优秀传统文化整体发展基础上的一个重要组成部分。

二、中国历代教育家的师德观

要探讨中华民族的师德文化，就必须从孔子讲起。孔子（公元前551—公元前479），名丘，字仲尼，是春秋末期思想家、政治家、教育家，其思想的代表著作是《论语》。孔子创立的儒家学派，自西汉起，因汉武帝“罢黜百家，独尊儒术”，被推崇为我国主流学派。

儒学内容十分丰富，主要有：祖述尧舜，效法（周）文武（二王），崇尚“礼乐”和“仁义”，提倡“忠恕”和“中庸”之道。政治上主张“德治”和“仁政”。重视伦理道德教育和自我修养。

二千五百多年来，儒家思想成为中华民族文化的主流与基石，塑造着中华民族的品格特征。孔子是教育先师，他以《诗经》《尚书》《仪礼》《乐经》教导学生，拥有弟子三千，其中贤人七十二位。他关于教育作用、教育目的、教育内容、教育原则与教育方法等的论述，不仅被写进了中国诗史，而且在国际上享有崇高的声誉。

《论语·子路》所载孔子“其身正，不令而行；其身不正，虽令不从”的言论，是关于以身作则、言传身教的最佳论述。《论语·述而》有他“默而识之，学而不厌，诲人不倦，何有于我哉”之句，是对学风、教风的最好的表述。《论语·为政》记载他提出的“温故而知新，可以为师矣”，也正可对应今天我们所提倡的“创新”机制。孔子当时强调复习旧知识、获得新体会、提出新见解，这也正是对教师严谨治学、教育创新的要求。在《论语·子罕》中他所发出“后生可畏，焉知来者之不如今也”的感慨，就是他对学生、对青少年寄予的厚望，是对教师树立“青出于蓝而胜于蓝”理念的最早的表达。

孔子是热爱学生的典范，他听闻弟子颜渊去世的消息时，哭得极度悲恸，《论语·先进》描述他发出“噫！天丧予！天丧予！”的感叹，意思是“老天爷要了我的命”。别人劝他，他说我不为学生悲痛还能为谁悲痛呢？所有这一切，不仅说明孔子是师德的楷模，而且表明了孔子的师德观。这种师德观，既阐述了师德的规范，又阐述了教师的良好品格特征，流芳百世，影响数千年。

中华民族古代教育大师辈出，不仅有孔子，还有老子、墨子、孟子、庄子、荀子、董仲舒、扬雄、王充、颜之推、韩愈、柳宗元、王安石、程颢、程颐、朱熹等一代又一代的教育名家。他们在不同时期的“传道、授业、解惑”生涯中，以其执教的实践和传世佳作，丰富和完善了中华民族文化的师德观。

我们不妨举些例子：

老子（生卒年不详，在孔子之前），又称老聃，姓李名耳，字伯阳，春秋时期的思想家，道家的创始人。著有《老子》一书，用“道”来说明宇宙万物的演变，其名言“祸兮福之所倚，福兮祸之所伏”是一种对立转化的观点，中国哲学史十分重视其丰富的、朴素的辩证思想。《老子》中有着较多的关于师德的论述，特别是“尊师”“严于律己”“行不言之教”的理念。《老子》中的“尊师”思想，强调“不贵其师，不爱其资，虽智大迷，是谓要妙”，也就是说，谁要是不尊重他的老师，其实是大糊涂；《老子》中强调“善战者”“圣人”“为师者”要“严于律己”；反对空谈的教化，主张用“不言”的方式施行教化。

墨子（约公元前476—公元前390），名翟，春秋战国之际思想家、政治家、教育家，有弟子三百余人。他曾学习儒学，因不满烦琐的“礼”而另立新说，力主“兼相爱，交相利”的思想，更有“摩顶放踵利天下，为之”的实践精神。他的师德观表现在其著作《墨子》中，他把“隐匿良道而不相教诲也”视为教师之大恶，把“有道者劝以教人”视为教师之大善。墨子主张言行一致，提倡教师“言必信，行必果”。墨子还希望教师因材施教，“能谈辩者谈辩，能说书者说书，能从事者从事”“知者必量其力所能至而从事焉”。

孟子（约公元前372—公元前289），名轲，字子舆，战国时期思想家、政治家、教育家，代表作为《孟子》。他受业于孔子的孙子子思门下，将孔子“仁”的观念发展为“仁政”学说，在教育思想上也继承孔子的学说，对后世儒学者影响很大，故有“孔孟”之称。《孟子·尽心上》中的那句名言“得天下英才而教育之，三乐也”，被历代教育家传颂并成为很多人的座右铭。孟子办学很有成效，拥有弟子数百人。孟子师德观的内容也很丰富，他进一步发挥了教师应以德为先的思想，注重自身品德的修养，强调要多“内省”，当“君子”“贤人”乃至“圣人”。他称百世之师为“圣人”。与此同时，孟子还提出许多师德的要求，如“教者必以正”，特别提倡“因材施教”，他在《孟子·尽心上》中指出，在五种不同情况下有着不同的教人的方法，“君子之所以教者五：有如时雨化之者，有成德者，有达财者，有答问者，有私淑艾者。此五者，君子之所以教也”。

董仲舒(公元前179—公元前104)，西汉思想家、儒学家，西汉时期著名的哲学家和今文经学大师，代表作有《春秋繁露》及《董子文集》。汉武帝举贤良文学之士，董仲舒对策建议：“诸不在六艺之科孔子之术者，皆绝其道，勿使并进。”这些建议被汉武帝所采纳，形成“罢黜百家，独尊儒术”的格局，儒学成为教育的主要内容。董仲舒为官近二十年，他坚持不懈地从事教育工作。他重视教师的质量，“兴太学，置明师，以养天下之士”，他把好的教师称为“明师”，没有“明师”当然就没有天下的人才。“明师”的标准，最重要的是师德，他在《春秋繁露·玉杯》中提出：“善为师者，既美其道，有慎其行，齐时蚤晚，任多少，适疾徐，造而勿趋，稽而勿苦，省其所为，而成其所湛，故力不劳而身大成。此之谓圣化，吾取之。”这里的“既美其道，有慎其行”，强调教师自身的品行修养，“齐(济)时蚤(早)晚，任多少，适疾徐，造而勿趋，稽而勿苦”强调教师要关爱学生，了解学生。这构成董仲舒独特的师德观。此外，在《董仲舒传》中有教师严谨治学的名言“强勉学问，则闻见博而知益明，强勉行道，则德日起而大有功”。在《春秋繁露·正贯》中有教师要有的放矢，一切要从学生实际出发进行教育的理念：“故知其气矣，然后能食其志也；知其声矣，而后能扶其精也；知其行矣，而后能遂其形也；知其物矣，然后能别其情也。”

朱熹（1130—1200），字元晦，一字仲晦，号晦庵，别称紫阳，后世尊称为朱子。南宋哲学家、教育家，主张抗金救国。他的哲学思想是理学体系，提倡“理气相依”的思想，提出“凡事无不相反以相成”和事物“一分为二”的观点，强调“知先行后”又“知行相须”的理念。朱熹从事教育五十余年，先后于白鹿洞书院、岳麓书院讲学，老年曾迁居建阳、沧州等地。朱熹堪称中国教育史上继孔子之后的第二位大教育家。他培养了数千名弟子，可查到的名家有378位。他一生除教书之外，还有一个伟大之举是全面诠释了孔子的教育思想。我认为在古人对孔子的教育思想谈论中，朱熹解释得最好。朱熹的著作较多，有《四书章句集注》《诗集传》等，后人还编纂了《晦庵先生朱文公文集》《朱子语类》等。朱熹对师德有许多论述，其本人更是为师之典范。首先，朱熹认为“凡人须以圣贤为己任”，可见他重视品德，把教师品德修养作为教师的首要条件。其次，他提倡立志，希望学者立下做尧舜那样圣人的志向。“学者大要立志，才学，便要做圣人是也”，“所谓志者，不道将这些意气去盖他人，只是直截要学尧舜”。[①]与此同时，朱熹还提出一系列的道德修养的方法，例如“明义反本”“存天理、灭人欲”“进德修业”“培养功夫、认明天理”“自觉省桑”等。所有这些，对提高教师的师德都是十分必要的。

中国近现代也涌现出一批杰出的教育家。像康有为、蔡

① 黎靖德.朱子语类：全八册[M].北京：中华书局，1994：133–134.

元培、梁启超、徐特立、晏阳初、陶行知等一大批教育家，不仅拥有丰富的西学知识，骨子里还继承着中华民族优秀传统文化的师德观。

康有为（1858—1927）在其《大同书》里提出了育婴院、小学院、中学院、大学院等各类各级教育机构中教师的标准，并把师德或教师的“德性”放在首位。在西学东渐的影响和社会发展需要的推动下，他提出大学教师要严谨治学的师德观，即“专学精深奥妙，实验有得”。

蔡元培（1868—1940）将西方的“自由”“平等”“博爱”比附于中国传统文化的“义”“恕”“仁”，要求教师遵守。他不仅对教师提出“砥砺德行、敬爱师友”的要求，而且他本身也是师德的典范，难怪在1940年3月5日蔡元培逝世时，毛泽东特以“学界泰斗，人世楷模”来称颂他的师德境界。

陶行知（1891—1946）以“捧着一颗心来，不带半根草去”的奉献精神，形象地概括了自己的师德观。近现代中国教育家既受到了西方思想的影响和现代科学观念的渗透，又从根本上表现出了以中华优秀传统文化为特点的师德观，进一步发展完善了“救国图存、建设社会”“行谊方正，德性仁明”“知行统一”以及“敬业”加“乐业”等内容。

尽管近代教育家对师德论述有不同的视角，但是其中也有很多共同特征。如我国著名教育史专家郭齐家就将其概括为如下五点：一是热爱教育事业，献身于教育；二是热爱学生，与学生平等相处；三是关心集体，与同事团结相处；四是要做到教、学、做合一；五是品行要笃厚，人格要高尚。①

综上所述，根据中国历代教育家、教师的师德理论与实践，我们可以把中华民族优秀传统文化之师德观的主要表现归纳为：学而不厌，诲人不倦；以身作则，为人师表；爱护学生，无私无隐；循循善诱，启发诱导；因材施教，发掘潜能；闻过则喜，改过迁善；严于律己，宽以待人；教学相长，师生互动；有教无类，公私并举；等等。

从古至今，我们一直在继承和创新着中华民族的师德观。例如，2007年，胡锦涛同志曾针对上述的师德观做了全面的论述，“爱岗敬业、关爱学生；刻苦钻研、严谨笃学；勇于创新、奋发进取；淡泊名利、志存高远”，并指出：“高尚的师德，是对学生最生动、最具体、最深远的教育。”②“办好教育关键在教师。希望广大教师以对国家、对人民高度负责的精神，加强师德修养，钻研教学业务，不断开拓创新，扎实做好教书育人工作，努力培养社会主义建设者和接班人。”③

习近平总书记在2013年向全国广大教师致慰问信时明确提出：“希望全国广大教师牢固树立中国特色社会主义理想信念，带头践行社会主义核心价值观，自觉增强立德树人、教书育人的荣誉感和责任感，学为人师，行为世范，做学生健康成长的指导者和引路人；牢固树立终身学习理念，加强学

① 林崇德.师德通览[M].济南：山东教育出版社，2000：250–252.

② 胡锦涛在全国优秀教师代表座谈会上的讲话[EB/OL].(2007-08-31).http://politics.people.com.cn/GB/1024/6199569.html.

③ 加强师德修养 钻研教学业务 努力培养社会主义建设者和接班人[EB/OL].(2011-09-10).http://politics.people.com.cn/GB/1024/15633345.html.

习，拓宽视野，更新知识，不断提高业务能力和教育教学质量，努力成为业务精湛、学生喜爱的高素质教师；牢固树立改革创新意识，踊跃投身教育创新实践，为发展具有中国特色、世界水平的现代教育作出贡献。”[①]上述“三个牢固树立”，既是对全国教师的重要嘱托，同时蕴含了习近平总书记对师德的领悟。这正是与时俱进、用时代的要求阐述中华民族优秀师德的内容。

三、中国历代教育家的师德观体现了中华民族的传统美德

中国道德观念的发展变化，是与中华民族社会发展变化紧密联系着的，它反映着中华民族优秀文化的特点。同时，它又与中华民族社会发展相适应，继承与弘扬中华民族传统美德，是发展与创新当今中国道德观念并付诸社会道德行为的前提。

前面所提到的中国历代教育家的师德观，正是中华民族传统美德的体现，特别是“仁、义、礼、智、信”的“五常”道德原则和“孝、悌、忠、信、礼、义、廉、耻”的“八德”道德规范，更是一种集中体现。

① 习近平向全国广大教师致慰问信[EB/OL].(2013-09-09).http://politics.people.com.cn/n/2013/0909/c1024-22860129.html.

（一）“五常”是中华民族传统道德的核心理念

中华民族传统美德源远流长，而“五常”——仁、义、礼、智、信，则是传统道德的核心理念。从中华民族道德史上分析，夏代主张“孝”；周代提倡“礼”；春秋时期，孔子倡导“仁”，孟子重视“仁、义”；汉代形成较完整的“仁、义、礼、智、信”的体系。在传统美德的提法上还有其他一些表述，但大部分都包含在“五常”之中，并不断丰富和发展。

2007 年 1 月 25 日，徐光春同志在光明网上发表了《中华传统美德和社会主义荣辱观》一文，提出了中国共产党人继承和发扬中华民族传统道德的正确态度和与时俱进的精神面貌。[①]我读后启发良多，下面是我对“五常”的认识。

“仁”，指爱。儒家的一种含义广泛的道德观念，“仁者人也，亲亲为大”。意指人与人相亲相爱。孔子的“仁”，以“爱人”为核心，包括恭、宽、信、敏、惠、智、勇、忠、恕、孝、悌等内容。孔子进一步阐述：“志士仁人，无求生以害仁，有杀身以成仁。”也就是说，为了“仁”可以“杀身”牺牲自己。“仁”成为道德的最高范畴，称为“仁德”；“仁”可以扩展成为统治者善政的标准，即“仁政”。孟子曾以“仁政”思想教育梁襄王如何做明君，而不是杀人便能统一天下。他说：当七八月间发生干旱，禾苗就要枯槁了。一旦天上乌云密布，下起大雨，那么禾苗就长得茂盛了。像这样的话，谁能阻止它

① 徐光春.中华传统美德和社会主义荣辱观[EB/OL].(2007-01-25).http://www.gmw.cn/01gmrb/2007-01/25/content_541075.htm.

呢？而现在的天下国君，没有一个不嗜好杀人。如果有一个不喜欢杀人的（国君），那么普天下的老百姓都会伸长脖子仰望他，会归附他，就像水往低处流一样，这哗啦啦的汹涌势头，谁又能够阻挡得了呢？做君主的道理和植物生长的道理类似，必须顺应民心所向，君泽如雨水，才能使民心如流水归拢，这便是“仁政”的效果。所以，把“仁”称作中华民族传统美德的第一要素并不为过。

“义”，主要指正义，也指公正的道理，正直的行为。北宋欧阳修和苏轼的一段轶闻诠释了“义”字。相传，欧阳修在评阅科举试卷时，被一篇文章华美的辞藻和精辟的议论所倾倒，他当下就想把这篇文章评为第一。可欧阳修始终怀疑这篇文章的作者是其弟子曾巩，便忍痛割爱，把这篇文章评为第二名，以避免造成徇私舞弊的嫌疑。到放榜时，欧阳修才发现此文章的作者并不是曾巩，而是来自四川眉山的青年才俊苏轼，欧阳修对此追悔不已。不过，刚刚登第的苏轼并未因此耿耿于怀，反而欣然成为欧阳修的门下，深深感激欧阳修对自己的知遇之恩。心胸宽广的苏轼也再次让欧阳修对他赞不绝口。[①]《孟子·告子上》指出，“舍生而取义者也”，这里的“义”指节操或气节，不仅构成重要的道德范畴，而且从孟子开始，把“义”与“仁”联系在一起，构成了“仁义道德”。把“义”与“仁”联系在一起，还有心理学的依据，“仁”是爱，属于情感过程，“义”为情谊或情义，也属于情感过程。“仁则

① 陈新慧.学校没教过的孟子智慧[M].南京：江苏文艺出版社，2010：9–10.

荣，不仁则辱”，从道德廉耻感出发，“仁义”结合是很有道理的。然而，“义”更多还应理解为道德行为，《礼记·中庸》指出，“义者，宜也”，“义”是行而宜的意思，所以“义”成为符合道德规范或道德标准的一种道德行为范畴。

“礼”，原指礼仪，同时体现了如何处理人际关系的道德要求。从三千年前西周的官学到二千五百年前孔子的私学，其课程为“礼、乐、射、御、书、数”，即“六艺”。那个时期，“礼”为六艺之首，也有人把它视为道德规范之首。例如管仲（公元前723—公元前645）提出“礼义廉耻，国之四维，四维不张，国乃灭亡”的治国思想，把礼仪作为治国的四要素之首。中国被称为“礼仪之邦”，正是表现了中华民族的这一文明和美德。“礼”是第一位的，而“仁”又是礼的中心内容，正如孔子所云：“克己复礼为仁。”曾子是孔子的弟子，有一次他在孔子身边侍坐，孔子要指点他时，曾子立刻从坐着的席子上站起来，走到席子外面，恭恭敬敬地回答道：“我不够聪明，还请老师把这些道理教给我。”曾子“避席”，是为了表示他对老师的尊重。由此可见，“礼”不仅要求人们处理好人际关系，而且要求有自我控制的素养，做到“非礼勿视，非礼勿听，非礼勿言，非礼勿动”。

“智”，原指智能、认识或认知，但在这里，如果“礼”更多指向处理人际关系的能力，那么“智”则更集中于处理自我的能力，真正做到“知己识人”。如何做到知己识人呢？这就要求明辨道德规范，即识别善恶准则。儒学主张“知、仁、勇三者，天下之达德也”，强调知、情、意、行的道德结构。

知，通“智”，“智”的功能就是学道、识道、行道，也就是道德认识或道德认知，在知、情、意、行中排在入门或基础的位置，因为道德集中表现为道德精神、思想方法和行为规范，而“智”所体现的正是道德精神与思想方法，所以在中华民族传统美德中充分显示出其分量。

“信”，指诚信，即诚实守信。孔子把“信”作为“仁”的重要成分之一。有一次，孔子与弟子在陈国、蔡国绝粮七天，费了许多周折才买回一石米。其弟子颜回与子路在破屋墙下做饭，有灰尘掉进饭中，颜回便取出来自己吃了。子贡在井边远远望见，很生气，以为他偷饭吃，便跑去问孔子：仁人廉士也改变自己的节操吗？他把看到的情况告诉孔子。孔子说：我相信颜回是仁人已非一日，你虽如此说，我仍不会怀疑他，这里面必定有缘故。孔子把颜回叫到身边说：日前我梦见先人，大概是启发佑助我，你把做好的饭端进来，我将祭奠先人。颜回对夫子说：刚才有灰尘掉进饭里，留在锅里不干净，丢掉又太可惜，我就把它吃了，不可以用来祭奠了。颜回在困难之时不忘仁义，加深了孔子对他的信任。在道德规范中，“信”既是诚实的表现，更是诚实的核心。这就是诚信的实质。诚信是做人立世的根本，正如孔子所指出的那样：“人而无信，不知其可也”，所以孔子希望有道德的人“言必信，行必果”。作为中华民族传统美德的诚信，不仅是中国人在言行方面自我约束的道德要求，而且是中国在国家交往中所遵循的一条重要原则，正因为如此，我们的朋友遍天下，中国赢得了文明大国的国际声望。

（二）从不同视角突出中华民族的传统美德

中华民族的传统美德十分丰富，除了“五常”，还有许多其他提法。之所以有差别，是由于视角不同罢了。这里，我仅呈现从古代到近代的三种观点。

第一，是“十大传统美德”。中国古代称“玉”有十种特质，即“美玉”。儒家用美玉比喻君子的十大美德，但“十大美德”是什么，解释各有区别。《礼记·礼运》提出“父慈、子孝、兄良、弟悌、夫义、妇听、长惠、幼顺、君仁、臣忠”十项，这是要一代代相传的美德。唐太宗《执契静三边》诗云：“戢戈荣十德，昇文辉九功。”提到要弘扬的“十德”指“仁、知、义、礼、乐、忠、信、天、地、德”。《中华民族的传统美德及其现实意义》一文指出，中华民族的十大传统美德是：仁爱孝悌，谦和好礼，诚信知报，精忠报国，克己奉公，修己慎独，见利思义，勤俭廉政，笃实宽厚，勇毅力行。[①]三种“十德”，十分相近，其所阐述的中华民族传统美德是中华民族的历史、文化凝结而成的社会道德准则，是中华文明的一个重要组成部分，它的内涵是指处理好人与自然、人与他人、人与社会、人与自己的关系，涉及天人合一、人己关系、群己关系和自我修养的四种道德要求，要求我们不断传递、继承、发扬、发展和创新。

第二，是“三达德”的道德品质。个人的道德修养或道德

① 中华民族的传统美德及其现实意义[EB/OL].(2012-06-12).http://www.wenming.cn/wmpl_pd/yczl/201206/t20120612_703812.shtml.

品质如何体现、继承、弘扬传统美德呢？中华民族传统文化提倡的是“三达德”，不少学者称其为三种常行的优秀的德行。《礼记·中庸》提出“知、仁、勇三者，天下之达德也”。知者不惑，仁者不忧，勇者不惧。在字面上，“知、仁、勇”并不难理解，孔子当年提出该观点是为了修身。其基础是调节君臣、父子、夫妻、兄弟和朋友之间关系的“五达德”。孔子曰：“好学近乎知，力行近乎仁，知耻近乎勇。知斯三者，则知所以修身；知所以修身，则知所以治人；知所以治人，则知所以治天下国家矣。”说明个人道德修养的意义、内容和方法，为后人如何继承、弘扬和发展提出了方向。此外，古人要我们继承和发扬的还有两种“三德”，《尚书·洪范》提的“三德”，一是正直，二是刚克，三是柔克；《周礼·地官司徒》则以“至德、敏德、孝德”为“三德”。其强调的都是个人的道德修养。

第三，是民国时期的“四维八德”。1924年，孙中山围绕三民主义中的民族主义做了演讲，提出了“忠孝仁爱信义和平”。1934年，南京国民政府提出了“四维八德”的国民道德。这“八德”是指“忠孝仁爱信义和平”，而“四维”是指“礼义廉耻”。现在我看到有些文献，把中华民族传统美德的基本道德规范理解为“忠孝仁爱礼义廉耻”，即“八德”，是与“四维八德”做了有机的结合。原先的“四维”中，“礼”是指“规规矩矩的态度”，“义”是指“正正当当的行为”，“廉”是指“清清白白的辨别”，“耻”是指“切切实实的觉悟”。这“礼”“义”与古代的“礼”“义”观念既有继承性和一致性，又有所区别，“廉”“耻”好理解，廉洁方正，有知耻之心。按照孙中山的思想，首先是“忠孝”，“忠”是指忠于国，忠于民，要为四万万人去效忠；“孝”是中国人的特性，是中华民族的优秀传统。其次是“仁爱”，“仁爱”的核心是爱，从墨子开始，中国人就讲“兼爱”，它是自古以来的优秀道德。孙中山先生提出，要把“仁爱”发扬光大，这是中国固有的精神。再次是“信义”，对于朋友和邻国，都要讲信义。就“信”字方面的道德，孙中山认为中国人比外国人实在好得多，中国更有一种极好的道德，是爱好和平。孙中山不仅强调这种精神，而且将其与古人提出的“格物、致知、诚意、正心、修身、齐家、治国、平天下”相提并论，并加以发扬,目的是使我们民族复兴。“四维八德”是民国时期道德教育的核心，各类各级学校都贯彻“弘扬中华民族传统文化，继承固有道德”的精神。

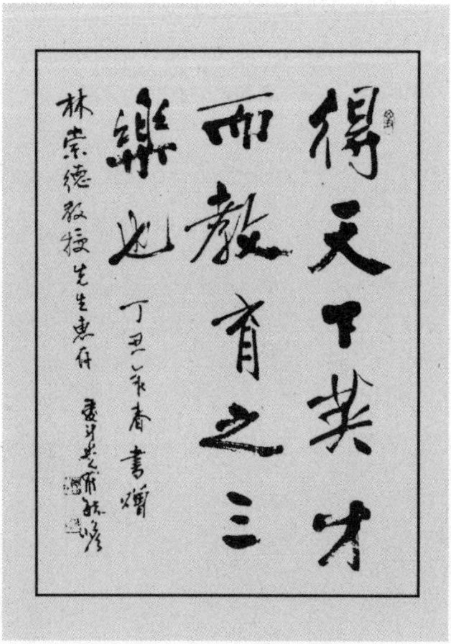

图1　得天下英才而教育之三乐也

如果把中国历代教育家的师德观，与上述中华民族传统美德联系起来，不难看出，这些师德观正是体现了中华民族的传统美德，并且是中华民族传统美德的一个组成部分，或者说师德即是中华民族优秀传统文化中的教师职业道德。

第二讲

重师德，国际杏坛有共识

重视师德，是国际教育界的共识。只不过使用的概念有所不同，我们说的“师德”，国外一般称为“教师职业道德规范”或“职业规范”。我的科研团队考察了具有代表性的美国、英国、法国、德国、俄罗斯等10余个国家的文化、社会制度、发展水平和教育，发现这些国家对师德或职业规范的重视程度是一致的，具体见表1所示。

在外国教育史上，也有着丰富的关于师德观的论述，这是一笔宝贵的财富，值得我们借鉴与学习。

一、古代和中古时期西方的师德观

在西方，早在古代就有些思想家重视师德问题。具有代表性的是古希腊和古罗马的师德观。

古希腊的柏拉图（公元前427—公元前347）和亚里士多德（公元前384—公元前322）根据对儿童、青少年身心自然发展特点的观察研究，首次提出了按年龄划分受教育阶段的观点。[①]亚里士多德把一个人受教育的年龄按每7年为一个自

① 张焕庭.西方资产阶级教育论著选[M].北京：人民教育出版社，1964：559–564.

表1　世界部分国家基础教育教师专业标准中的师德规定

	职业规范			专业知识				专业能力						其他
	伦理要求	学生观	教育教学观	学科知识	教学知识	教育知识	通识性知识	教学设计与实施	激励与评价	班级管理与教育	信息技术使用	沟通与合作	反思与发展	
中国	√	√	√	√	√	√	√	√	√	√	√	√	√	
英国	√	√	√	√				√	√	√		√		
澳大利亚		√	√	√	√	√		√	√	√	√	√	√	
俄罗斯		√	√	√				√	√	√	√	√	√	心理健康教育技能、特殊儿童教育技能
法国	√	√	√					√		√	√	√	√	母语（法语）沟通能力、根据工作需要掌握一门外语
美国	√	√	√	√	√	√	√	√	√	√	√	√	√	
巴基斯坦	√	√	√		√	√	√	√	√		√	√	√	
越南	√	√	√		√	√	√	√	√	√		√	√	
德国		√	√	√	√	√	√	√		√	√			跨文化能力、创新能力
菲律宾	√	√	√					√	√	√		√	√	

然阶段，共分为三个时期：从出生至7岁，7岁至14岁，14岁至21岁。这是最早的教育年龄分期，也是最早的根据儿童、青少年发展的年龄特征进行教育的思想。

柏拉图、亚里士多德强调尊师，同时强调教师对学生实行严格管理。亚里士多德是柏拉图的学生，他确实十分尊敬柏拉图，但也敢于否定柏拉图的某些观点。在学园里，亚里士多德经常和柏拉图争论，有时候，他会把老师问得答不上来。他坚持唯物观，否定柏拉图的唯心主义观，认为客观存在的物质世界是永恒的，不是靠什么观念产生的。可见，亚里士多德一直都在践行“吾爱吾师，吾更爱真理”的理念，这句名言也流传后世，形成了批判继承的师德观。

古罗马思想家在公元前 3 世纪，也开始探讨儿童、青少年的发展与教育制度的关系问题，他们将发展阶段分为四个时期: 7 岁前为第一时期，主要是接受家庭教育时期; 7 岁至 12 岁是儿童到初级学校学习时期; 12 岁至 16 岁儿童是到文法学校或拉丁文法学校学习时期; 16 岁至 18 岁或 20 岁是第四个时期。16 岁的男孩作为正式的罗马公民，开始服兵役；如果要上学，则进入修辞学校，这种学校是以培养演说家、雄辩家为主要目的的。

古罗马教育家的代表人物是昆体良（约 35—95），代表作是《雄辩术原理》，我们可以从《昆体良教育论著选》中去了解其师德观。

从某种角度上讲，昆体良是西方第一位论述师德的教育家。我们从他的论述中，可以看到他重视师德，认为教师应是品德高尚、行为端正的人，这就是昆体良的师德观。他倡导教师热爱学生，应该以父母般的感情对待学生；教师应该从儿童、青少年的心理特征、个性、才能和倾向出发，有的放矢地教育学生；教师应该有广博的知识，以便培养完善的雄辩家；教师应该讲究教学方法，良好的教学原则、方式、方法，只有这样才能使学生接受知识。

但是，古希腊和古罗马毕竟是奴隶社会，加上当时科学落后，对于教育和儿童发展的问题不可能进行很好的研究，而儿童甚至还处于受迫害的地位。例如，古罗马人把刚出生的婴孩放在父亲的脚边，如果父亲把婴孩抱起来，就表示他给这个婴孩以生活的权利；如果这个婴孩生来是虚弱的，或者虽然健康，但父亲家境贫困，负担过重，他就会让这个婴孩躺在地上，命运注定他将死去。这种状况，需要教师的努力才能改变，这个时代的原始师德观正是出自教育家的良知。

西方中古时期的教育与儿童发展过程中充满着宗教的色彩，这是由中古时期封建社会的性质所决定的。西欧在西罗马灭亡后，经历了一个相当漫长的时期，到 11 世纪时，才完成了封建化的过程。西欧的封建社会，既有着和其他各国的封建社会相似的地方，又有其特殊性。西欧封建主阶级的一个重要组成部分，是基督教的高级僧侣。因此西欧封建社会早期文化的特点也与此紧密相关。正如恩格斯所说："中世纪完全是从野蛮状态发展而来的。它把古代文明、古代哲学、政治和法学一扫而光，以便一切都从头做起。它从没落的古代世界接受的唯一事物就是基督教和一些残破不全而且丧失文明的城市。"[①]教会作为西欧封建社会的精神支柱，极力"给封建制度绕上一圈神圣的灵光"[②]。

在这样的条件下，教会也必然垄断教育，并提出一切让人们盲目地服从于宗教信条的教育观。在封建统治者看来，

① 马克思，恩格斯. 马克思恩格斯文集：第二卷 [M]. 北京：人民出版社，2009：235.

② 马克思，恩格斯. 马克思恩格斯文集：第三卷 [M]. 北京：人民出版社，2009：509.

儿童是带着“原始的罪恶”来到人世的，他们必须历尽苦难、不断赎罪，才能使自己的灵魂得到净化。所以儿童从小就要盲从所谓圣书及其讲解人——教师的权威，不许有任何方面的质疑和创造。这样，就严重地扼杀了儿童、青少年的智力发展，麻醉了他们的思想，给他们套上了宿命论的精神枷锁。尽管如此，当时西欧的教育家，在教育实践中也在局部领域摆脱神学的限制，提出了教师要尊重儿童、青少年，激发他们的学习兴趣，通过活动进行教学，促进他们思考，提高道德和能力的水平等一系列的师德要求。尽管是初步的，但为后来西方的师德观奠定了基础。

二、文艺复兴时期西方的师德观

欧洲的文艺复兴是一次资产阶级的思想文化运动，是新兴资产阶级对腐朽的封建势力所发起的全面批判，其主要锋芒首先指向教会，目的是使人们从封建教会的束缚下解放出来。欧洲文艺复兴从 14 世纪开始，最初开始于意大利，后又相继扩展到德、法、英、荷等欧洲其他国家。一些文艺复兴运动的代表人物大力宣扬资产阶级的“人文主义”，即“人道主义”。肯定人是生活的创造者和主人，强调人的价值、人的尊严和人的力量，提出了“个人自由”和“个人幸福”，并且从资产阶级的“人性论”出发，论证了资产阶级的政治要求和国家学说。尽管由于各国历史条件不同，其文艺复兴运动也具有不同的特点，取得了不同的成就，但总的来说，“欧洲式文艺复兴的时代是以封建制度普遍解体和城市兴起为基础的”[①]，促进了经济的、政治的、思想的、文化的变革，为资产阶级革命创设了条件。

文艺复兴伊始，一些进步的思想家就开始提出尊重儿童、发展儿童天性的口号。其间涌现出一批倡导师德的教育家，如意大利的维多里诺（1378—1446）、尼德兰的伊拉斯谟（约1466—1536）和法国的蒙田（1533—1592）等，其中最杰出的是捷克的夸美纽斯（1592—1670）。

夸美纽斯是17世纪捷克著名的爱国主义者、伟大的民主教育家，被尊崇为教育史上的“哥白尼”。他年轻时被选为捷克兄弟会的牧师，并主持兄弟会学校的工作。三十年战争（1618—1648）爆发后十年，夸美纽斯被迫与三万兄弟会会员一起流亡国外，继续广泛从事教育活动和社会活动。他尖锐地抨击中世纪的学校教育，号召“把一切事物教给一切人”。提出统一学校制度，主张采用班级授课制度，普及初等教育，扩大学科的门类和内容；强调从事物本身获得知识，并提出直观性、循序渐进性、启发儿童的学习愿望与主动性、彻底性和巩固性等教育原则。主要著作有《母育学校》（1628）、《语言和科学入门》（1631）、《大教学论》（1632）、《论天赋才能的培养》（1650）、《泛智学校》（1651）、《组织良好的学校的准则》（1653）以及《世界图解》（1658）等，其中《大教学论》是关于他教育思想的代表作。

---

① 恩格斯.德国农民战争[M].北京：人民出版社，1962：173.

夸美纽斯的师德观十分丰富。

首先，夸美纽斯十分重视教师的工作，认为教师的职责伟大而光荣，是太阳底下最光辉的职业。他强调教师的首要条件是品德修养，老师应该是道德卓异的人。他重视教师的表率作用，倡导教师的职责在于用善良的范例、积极的态度引导学生，成为学生的榜样。①

其次，夸美纽斯提倡教师应从人的本性出发进行教育。他把儿童从出生到成熟分为四个年龄时期，每个时期都是6年：幼儿期（0—6岁）的特征是迅速的身体成长和感觉器官的发展；童年期（6—12岁）的特征是记忆力和想象力连同它们的执行器官——语言和手的发展；少年期（12—18岁）的特征除了上述的品质以外是思维（理解和判断）的更高发展；青年期（18—24岁）的特征是意志的发展和保持和谐的能力。教师教育应以这些年龄特征为出发点，要以学生的领会能力为基础。

夸美纽斯为儿童编写了著名的读物《世界图解》，该书于1658年出版。这是作者根据他所提出的适应自然和直观教学原则写成的一部小学教科书。夸美纽斯在序言中，就说明了这本书的特点："这部书篇幅不大，但它是整个世界和全部语言的鸟瞰，里面充满了插图、事物的名称和描述。"②共有附以

① 康斯坦丁诺夫，米定斯基，沙巴也娃，等.教育史[M].李子卓，于卓，茂陵，等译.北京：人民教育出版社，1958：55–56.

② 晓楠.智者的启迪：教育学经典名言的智慧[M].北京：新世界出版社，2008：137.

插图的短文150篇，内容包括自然（宇宙、地理、植物、动物、人体等）、人类活动（手工业、农业、交通、文化等）、社会生活（国家管理、法院）、语言文字等方面，试图授予儿童以百科全书式的知识，曾在欧洲国家广泛流行，影响极大。

再以“活的字母”为例，夸美纽斯认为，传统的机械掌握字母的方法非常呆板，学生常常陷入毫无意义的发音练习之中，学而生厌。于是，他别出心裁，编排出“象征字母表”，使死的字母变成了会发音的“活字母”。我们可以看看他“活字母”的教学过程：

教师：孩子们来吧！我们来看看这幅图画。

学生：老师，我们很愿意这样做。

教师：（手指着第一幅画）这是什么？

学生：鸟。

教师：说得对。什么鸟？

学生：不知道。

教师：（问另一个学生）你知道吗？

学生：也不知道。

教师：这是乌鸦。你们知道它怎么叫吗？

学生：不知道。

教师：它这样叫：啊——啊——啊。你们学它叫吧！

学生：啊——啊——啊。

教师：对。你们知道这个声音怎么写吗？

学生：不知道。

教师：我来教你们。这儿是“A”的写法。你们每个人在任何书里看到这样的字形，一定要像乌鸦叫一样，“啊——啊——啊”地读出来。

教师：你们是不是想知道它是怎样写的？

学生：想知道。

教师：那很容易学。伊生，你来开始写一写，让其余的人看看。这儿是画图用的木制笔杆，用右手的三个手指这样握住它，然后自上往下这样写（大家都开始模仿），这儿是粉笔，把这个字母写在黑板上第一个字母的旁边，看，你们已经学会写这个字母了。你刚才写的，怎么念出来呢？

学生：啊——啊。

教师：念得对，很好。[①]

再次，夸美纽斯把教师比喻为慈父，教师不仅愉快地传授知识，而且要按照学生的特征，给予他们更多、更丰富、更合理的爱。教师对学生是扶持，而不是压迫；老师是仆役，而不是主人翁。

最后，夸美纽斯提出了一系列教育与教学原则。夸美纽斯的教育与教学原则，既提出教师要提高学生的信心、兴趣，又强调教师要科学地对待学困生；既讲究学校纪律，又反对

① 晓楠.智者的启迪：教育学经典名言的智慧[M].北京：新世界出版社，2008：137–138.

体罚学生；既希望学生自主发展，又强调对学生教育要适当，提出可接受（教育）的原则。他说："学生不可受到不适于他们的年龄、理解力与现状的材料的过分压迫，否则他们便会在不实在的事情上面耗掉他们的时间。"① 夸美纽斯在阐述按照班级实行教学的好处时，也是从儿童心理的角度出发，说明它对取得良好学习效果的积极意义。他认为："在学生方面，大群的伴侣不仅可以产生效用，而且也可以产生愉快；因为他们可以互相激励，互相帮助。"② 特别是在班级里进行练习或复述时，"一个人的心理可以激励另一个人的心理，一个人的记忆也可以激励另一个人的记忆"③。所有这些，都和教师工作联系起来，要求教师在教育与教学中遵循有利于促进学生发展的原则。

然而，夸美纽斯生活于从中世纪到近代、从封建社会到资本主义社会的过渡时期。这就决定了夸美纽斯世界观的一些矛盾和局限性。在他的世界观里，一方面有自发的唯物主义因素的存在，另一方面有宗教信仰的约束。按照夸美纽斯的想法，世界是"上帝的创作"，认识就是"到处求神"。夸美纽斯世界观的这种两面性，也表现在他的教师观或师德观中。他正确地指出学生应该通过感觉和经验来认识世界，又错误地认为《圣经》是智慧的源泉。夸美纽斯的民主主义和人文主义也有历史的局限性。他虽然揭露了当时社会的缺点，可是

① 夸美纽斯．大教学论[M].傅任敢，译．北京：人民教育出版社，1957：163.

② 夸美纽斯．大教学论[M].傅任敢，译．北京：人民教育出版社，1957：134.

③ 夸美纽斯．大教学论[M].傅任敢，译．北京：人民教育出版社，1957：135.

并未能了解它们产生的真正原因在于这种社会的剥削性质。他虽然有对广大人民群众进行教育的教育理想，但幻想在当时存在的封建制度下也有可能实现这个理想。尽管有这些局限的存在，夸美纽斯的教师观和师德观对当时和后来的社会仍是很有价值的。

三、自由资本主义时期西方的师德观

1640 年，在英国爆发的资产阶级革命，标志着世界近代史的开端。之后，欧美一些国家相继进行了资产阶级革命与改革：1789 年的法国大革命，1848 年的欧洲各国革命，1776 年的美国独立和 1861—1865 年的南北战争，19 世纪 60 年代的俄国农奴制改革，等等。所有这些革命或变革使资本主义制度确立并巩固下来。从 18 世纪 60 年代开始的各国资本主义产业革命，极大地促进了资产阶级经济实力的增长。

17 世纪至 19 世纪的资本主义的发展，为道德和科学的进步创造了物质前提，并提出了新的迫切的需要。民主、自由、平等、博爱的道德观念，促进了人们思想的解放；科学成果的获得，为近代批判封建神学和经院哲学提供了科学的依据，也为各国教育的发展奠定了基础。于是自由资本主义时期的师德观也相继出现，它反映了资本主义社会的发展对师德的看法和要求。洛克（1632—1704）、卢梭（1712—1778）、裴斯泰洛齐（1746—1827）、赫尔巴特（1776—1841）、第斯多惠（1790—1866）等人，就是杰出的代表。

（一）洛克的师德观

洛克是英国唯物主义哲学家、教育家，早年在牛津大学研究哲学和医学。他继承并发展了培根和霍布斯的思想，提出并论证了唯物主义经验论的“知识起源于感觉”的学说。在政治思想上，他反对“君权神授”说，标榜自由和对资产阶级的“宽容”，提出分权说（立法、行政和司法），拥护代议制度，强调国家的主要任务在于保护私有财产；在经济上，他提出劳动创造使用价值和地租来自剩余劳动的学说；在教育上，他主张培养具有“文雅态度”和“善于处理事务”等品质的“绅士”。

洛克指出，教师的责任是培养这些绅士，给他们力量，使其养成良好的习惯，怀抱德行和智慧。针对这个培养目标，洛克提出了对教师的要求。首先，教师应具有高超的德行和持重、明达、和善的品质，具有渊博的知识。其次，教师应注重教育教学方法。最后，教师应“具有能够经常庄重、安适、和蔼地和学生交谈的本领”[①]。

洛克来自一个律师家庭，有着良好的家庭背景，是一个标准的绅士。此外，他也曾是多名乡绅、爵士的家庭教师：自1666年起的八年里，他是英国自由主义政治家沙夫茨伯里伯爵的私人医生和其儿子的家庭教师；1675年旅居法国期间，洛克又担任了富商班克斯爵士儿子的家庭教师长达两年；1684年，逃亡荷兰的洛克以书信的形式对英国乡绅爱德华·克拉克

① 林崇德．师德通览[M].济南：山东教育出版社，2000：711.

的孩子进行教育和指导。与绅士的常年接触和为其从教的经验，给洛克的“绅士教育”理论奠定了基础。

洛克具体要求教师应在上课时引起学生的学习兴趣，发展他们的求知欲和主动性。教师应当利用学生爱好新奇事物的心理，同时要培养学生学习没有兴趣的东西的习惯；应当广泛地利用学生的好奇心，因为求知欲就是从好奇心发展而来的；应当发展学生的独立能力，启发他们大胆地提出问题，不可用瞒哄和支吾、搪塞的方式来回答学生的问题，必须发展学生的理解力和独立判断能力。如果教师认为必须使学生养成某种习惯，那就要通过实践使这种习惯在学生身上得以巩固。培养绅士就得寓教育于体育、德育、智育这三育之中。在体育方面，洛克认为“健康的精神寓于健康的身体”，同时，健康的身体应该从小培养。在这方面，洛克提出一些建议：无论冬夏，孩子们不应该穿得过暖，应该用冷水洗脚洗澡，多进行户外活动，饮食清淡，不喝烈性饮料，等等。洛克对体育、德育、智育的论述，是作为绅士教育的内容和方法展开的，完全是为英国已经执掌政权的新兴资产阶级服务的。其教师应在体、德、智三育过程中发挥积极的作用的观点，对后来西方教育和教师队伍的建设，是有一定影响的。

（二）卢梭的师德观

卢梭是 18 世纪法国杰出的启蒙思想家、哲学家和教育学家。在哲学上，他承认感觉是认识的根源；又认为对自然界来说，精神是其积极的本原，而物质是其消极的本原，并强调情感高于理智、信仰高于理性。他认为，人们在大自然中，凭借“内在之光”，即可发现自己有所谓天赋的道德观念，并觉察到自然神论者所谓的“上帝存在”。在社会观念方面，他认为在原始社会的“自然状态”下，人人都享受“自然的”自由和平等；他主张私有制的产生是不平等的根源；又主张保护小私有者。他强调人民有权推翻那种破坏“社会契约”、蹂躏“人权”、违反“自然”的专制政体，建立以“最聪明的少数人”（即资产阶级）为领导、充分体现“共同意志”的“理性王国”。

卢梭对自由的崇尚由来已久，他曾为了不失去自由而拒绝国王的召见。当时，年轻的他所写的歌剧在公演后获得巨大成功，使臣向他传令，国王想召见他，并给予他一笔丰厚的年金。这对于当时捉襟见肘的卢梭来说应该是天大的福音，然而他断然拒绝了。因为他认为接受了年金就放弃了真理、自由和勇气，失去了独立和淡泊，会使他变得阿谀奉承或噤若寒蝉。

在教育观点上，卢梭提出“自然教育理论”，因为人的最重要的权利就是自由，所以他主张顺应学生的本性，让他们的身心自由发展。卢梭的主要著作有《论科学和艺术是否败坏或增进道德》（1749），被恩格斯认为有辩证法思想的《论人类不平等的起源和基础》（1755）、《民约论》（1762），小说《新爱洛绮丝》（1761）和《爱弥儿》（1762），自传《忏悔录》（1778）等。

卢梭的教育思想，集中地体现在他的教育哲理小说《爱弥儿》上。这是一部五卷本的巨著，它不仅阐述了他的教育观点，即追求个性解放的教育思想，而且用他的社会政治思想，尖锐地批判了腐朽的封建教育。在书中，卢梭斥责天主教会和传教士是骗子，表示反对传统教义，而持有“自然神论”的观点，即认为上帝在创造世界之后，便任自然规律支配一切，不再干涉世事了。[①]《爱弥儿》出版后，虽然这种思想积极地影响了法国资产阶级革命，但大大地触怒了教会和封建王朝，致使出现焚书缉人、卢梭被迫逃亡的局面。卢梭在国外隐居，直到晚年才获准回到法国。

在《爱弥儿》中，卢梭强调教师的师德。认为要使学生成人，教师首先得自己成人，成为道德卓越的人；遵循自然的法则，必然是自由的教育。根据这个原理，他反对压迫人的封建制度，反对实行呆读死记、严酷纪律、体罚，反对摧毁学生个性的经院式学校。卢梭满怀深情地呼吁：要爱护学生，珍视他们短暂的童年生活；要关心他们的游戏和自由活动，而不应强制他们像服苦役般读书。

卢梭很珍视孩子们的童年。有一次，卢梭在集市上看到一个卖苹果的小女孩，她还剩几十个苹果卖不出去，而另外几个小男孩又很想买下这些苹果，可他们的钱凑在一起也不够。卢梭看在眼里，便悄悄向小女孩付了足够的钱，让她把苹果分给那群小男孩。卢梭曾回忆：孩子们的欢乐洋溢在他的四周，这是使人欣喜的、最温情的场景。[②]

① 卢梭.爱弥儿：论教育：全二册[M].李平沤，译.北京：商务印书馆，1978.

② 徐鲁.发现儿童——卢梭与孩子的故事[J].父母必读，1992(5)：34.

卢梭不仅提倡教师的民主作风，而且重视教师的主导作用。他认为，教师要引导学生在实践中直接从环境中学习，引导学生去解答各种问题，要在各种情况中指导学生的兴趣，而且在指导的时候，要让学生觉察不到自己是被指导的。

（三）裴斯泰洛齐的师德观

裴斯泰洛齐是瑞士教育家。他从人道主义出发，试图通过教育来改善农民的生活。他曾在涅伊霍夫、斯坦兹创办孤儿院，从事贫苦儿童的教育。后又在布格多夫、伊佛东创办学院，进行简化教学实验，以体现他的教育学体系的重心——关于“要素教育”的理论。依照这个理论，教育过程必须从一些最简单的因素开始，逐渐转到日益复杂的因素上去。裴斯泰洛齐的“要素教育”理论包括体育、劳动教育、德育、美育和智育等方面。也就是说，他主张一方面教学生识字、计算，并进行道德教育和宗教教育；另一方面教学生从事手工业和农业劳动。裴斯泰洛齐在教学理论方面的一个重大贡献，是他为初等学校建立了各种教学方法。他认为形状、数目、语言是教学中的基本要素，并根据这一原理，改进了初等学校的语文、算术、测量等各科的教学方法。他的教育思想对近代西方初等教育的发展有深刻的影响。裴斯泰洛齐的主要著作有《林哈德和葛笃德》《葛笃德怎样教育她的子女》《母亲读物》《数的直观学习》等。

裴斯泰洛齐是关爱学生的典范，他主张教师要以“爱”作为教育的基础，从母子的爱开始，发展到全人类的爱。我曾看过一篇文章《爱生如子的裴斯泰洛齐》，描写他像对待自己儿女一样对待学生，特别是关心、爱护、教育孤儿院里的儿童。①

他也曾这样描述他和学生们的相处：从早到晚我一直生活在他们中间……我的手牵着他们的手，我的眼睛注视着他们的眼睛。我随着他们流泪而流泪，随着他们微笑而微笑。他们不知有世界、有斯坦兹，只知道跟我形影不离。他们的食物就是我的食物。我没有家园、没有朋友、没有仆人，只有他们……晚上我最后一个就寝，睡在他们中间，陪他们祈祷、读书，一直到他们睡着；早上我第一个起床，替他们换洗脏衣服，并给他们洗去身上的污垢。②

裴斯泰洛齐非常重视教育和学生发展的相互关系。他生动地比喻：教育应当在巨大而坚固的岩石（本性）上建立自己的大厦（形成人），它只有永远跟这岩石紧密地结合，不可动摇地屹立在它的上面，才能达到它的既定目的。这构成了教师教育的出发点。裴斯泰洛齐从人的和谐发展的基本观念出发，把智育跟德育密切地联系起来，并且提出教师教育性的教学要求。从知识和智力两者的关系出发，他也提出了直观性原则、由易到难（从具体到抽象）原则以及循序渐进的原则。裴斯泰洛齐认为，教师对这些原则的实施要符合心理学

① 林崇德. 师德通览[M]. 济南：山东教育出版社，2000：594–595.

② 张焕庭. 西方资产阶级教育论著选[M]. 北京：人民教育出版社，1979：196–199.

的要求。[①]他说："智力和才能的发展，要有一个适合于人类本性的、心理学的、循序渐进的方法。"[②]这里他把循序渐进和适合人的本性、适合学生心理的方法和要求直接联系在一起了。

（四）赫尔巴特的师德观

赫尔巴特是德国的哲学家、心理学家和教育家，他是18至19世纪"心理学化的教育"理论的重要倡导者。主要著作有《普通教育学》（1806）、《心理学教科书》（1816）、《关于心理学应用于教育学的几封信》（1831）、《教育学讲授纲要》（1835）等。赫尔巴特曾在两所大学展开了广泛的教育活动。他讲授心理学和教育学，并领导训练师资的研究班。这个研究班还附设了一个实验学校，他本人也在里面教数学。赫尔巴特认为人类道德的基础是五种不变的观念：内在自由、完善、善意、权利和公平。观念是最根本的要素，人的一切心理过程——情绪、意志、思维、想象等都不过是观念的变形。他就是以这种伦理学和心理学观点为基础建立了他的"心理学化的教育学体系"和教师的师德观。赫尔巴特反对卢梭等人的"儿童本位论"，强调运用严格方法管理儿童，以建立秩序和纪律，于是他强调教师的作用，形成"教师中心"。他重视教师的品德建设，认为这是实现教育过程的必要条件。他提出了"教学的教育性"的概念，把教学看作教育的主要手段，要求通过教学发展学生多方面的兴趣，灌输各种道德观念。他

① 林崇德.教育与发展[M].北京：北京师范大学出版社，2002：74–75.

② 张焕庭.西方资产阶级教育论著选[M].北京：人民教育出版社，1979：191.

把兴趣理解为学生的理智的自动精神，认为教学的进行，必须使学生在教师传授新教材的同时，能在心灵唤起一系列已有的观念，教师在此基础上引导他们去掌握新的观念。[①]

在心理学史上，赫尔巴特是最早宣称心理学是一门科学的学者。[②]赫尔巴特根据其关于心理活动的规律的认识，将教学过程分为“明了”“联想”“系统”“方法”四个阶段，同这四个阶段相应的心理状态实际上是兴趣，亦即“注意”“期待”“探求”“行动”。他把教学过程（程序）与掌握知识的环节、心理活动状态、兴趣阶段及教学方法等建立起相互配合的关系。[③]赫尔巴特十分重视兴趣，认为教学应当以多方面的兴趣为基础。他将兴趣分为六种，并归为两大类：第一类是引向认识周围现实的兴趣，它包括经验的兴趣、思辨的兴趣、审美的兴趣；第二类是引向认识社会生活的兴趣，它包括同情的兴趣、社会的兴趣、宗教的兴趣。赫尔巴特重视兴趣的培养，他认为教师在教育中的重要任务之一，在于引起学生多方面的兴趣。[④]

赫尔巴特的这种教育观点在他早年从事家庭教师的职业时就已初现端倪。大学毕业后，他曾在一个瑞士贵族施泰格

① 朱智贤，林崇德.儿童心理学史[M].北京：北京师范大学出版社，1988：20–21.

② 高觉敷.西方近代心理学史[M].北京：人民教育出版社，1982：71.

③ 王天一，夏之莲，朱美玉.外国教育史：上册[M].北京：北京师范大学出版社，1984：325.

④ 朱智贤，林崇德.儿童心理学史[M].北京：北京师范大学出版社，1988：22–23.

尔家里当了三年家庭教师，教育施泰格尔的三个孩子。在这期间，赫尔巴特认真观察不同孩子的心理特点，根据实际来制订可行的教学方法。他还曾带学生参观过裴斯泰洛齐的教育实验。他将自己总结的教育经验以报告的形式，每两个月左右交给施泰格尔一次，三年共写下 24 份。

（五）第斯多惠的师德观

第斯多惠是德国民主主义教育家，一生都在为反抗德国封建教育和教会对教育权的控制而斗争。他重视师范教育，认为没有师范教育的改革，就培养不出出色的教师。1809 年到 1810 年又正是洪堡担任普鲁士内务部教育厅厅长、领导德国近代教育史上最重要的一次教育改革的时期。这场改革涉及学制、课程、教学方法以及学校管理和师资等。虽然改革运动受到封建残余势力的重重阻挠，但还是极大地改善了德国的教育环境，为第斯多惠的教育理念和实践提供了社会基础。[①]

第斯多惠在努力从事改革师范教育实践的同时，积极探索培养教师的基本要求。其代表作是《德国教师教育指南》，他在这本著作里提出了自己的师德观，一是认为教师必须具有进步的政治态度，坚持教育的进步方向；二是教师必须热爱学生，在教学中富有情趣，激发学生的学习兴趣，进而发展他们的思维、情感和意志；三是教师必须有良好的精神面

① 李仁甫.永恒之教师，引导我们前行——记师范教育的先驱人物第斯多惠[J].江苏教育，2009(7)：28–31.

貌，以此在教学中激发出学生的旺盛精力，让他们既能遵守纪律又能积极思考；四是教师必须不断进行自我教育，完善自身的道德品质、扩充自身的知识眼界，提高教育质量；五是教师必须遵循自然，适应自然，按照学生身心发展规律和认知特点来开展教育教学工作。[①]因此，第斯多惠被誉为“德国教师的教师”。

四、现代西方教育界的师德观

19 世纪末至 20 世纪初，美国兴起进步主义教育运动，旨在改变传统教育和传统学校的教育思想、教育内容、教学方法及其组织形式，以便学生从个性压抑，强制服从的教育情境中解脱出来，从而获得健康的发展。代表人物是杜威（1859—1952）。

杜威是美国哲学家、心理学家和教育家。他是美国机能主义心理学的创始人之一，又被认为是创立美国教育学的首要人物。杜威在教育上的一个突出成就是 1896 年在芝加哥大学创设实验学校，这是他创立心理学与教育学理论的基础。杜威认为赫尔巴特是传统教育的代表，而他是现代教育的代表，分歧就在于教育是坚持“教师中心”还是“儿童中心”。杜威认为，“教育即是生长”“生活即是发展；发展，生长，即是生活”[②]。从对教育的认识出发，杜威高度评价教师，认为

① 林崇德．师德通览[M].济南：山东教育出版社，2000：581–582.

② 杜威．民本主义与教育[M].邹恩润，译．北京：东方出版社，2013：54–58.

“教师总是真正上帝的代言者，真正天国的引路人”[1]。

杜威的师德观相当丰富，我们可以做一次粗浅的归纳。首先是阐述教师的职责，“每个教师应当认识到他的职业的尊严；他是社会的公仆，专门从事于维持正常的社会秩序并谋求正确的社会生长”。所以，杜威十分重视教师的品德。其次，杜威从儿童中心主义出发，强调教师要以儿童为中心，热爱儿童，即关爱学生。再次，杜威强调“教师作为集体的成员”，要重视教师集体的建设，提倡教师之间相互尊重和团结，以形成更成熟和丰富的经验，更负责任地去培养学生。最后，杜威强调教师应有高超的教学能力，体现教学是一种艺术；丰富的教学经验，能为学生建立有实际价值的经验情境；拥有激发学生兴趣、动机的能力，指导学生把兴趣和需要转变为其积极思维、发展智力的手段。

进步主义教育运动推动西方的教育改革，新教育学家把自由作为教育的核心概念，所以尽管爱伦·凯（1849—1926）、蒙台梭利（1870—1952）、尼尔（1883—1972）等教育家对教师及师德的提法有一定差别，但大致精神都与杜威相同，即教师的职责应是充分尊重儿童的自由。其中尤以蒙台梭利为甚。

蒙台梭利是教育史上一位杰出的幼儿教育思想家和改革家，是意大利历史上第一位学医的女性和第一位女医学博士。蒙台梭利认为干涉儿童自由行动的教育家太多了，一切都是强制性的，惩罚成了教育的同义词。她强调教育者必须信任

① 赵祥麟，王承绪.杜威教育论著选[M].上海：华东师范大学出版社，1981：12.

儿童内在的、潜在的力量，为儿童提供一个适当的环境，让儿童自由活动。她特制了很多教具，如小型的家具、玻璃、陶瓷等小物件，供儿童进行感官练习。1907 年，蒙台梭利在罗马贫民区建立“儿童之家”，招收 3—6 岁的儿童加以教育。她运用自己独创的方法进行教学，结果出现了惊人的效果：几年后那些“普通的、贫寒的”儿童的心智发生了巨大的转变，一个个被培养成为有教养、聪明自信、生机勃勃的少年英才。蒙台梭利崭新的、具有巨大教育魅力的教学方法，轰动了整个欧洲，“关于这些奇妙儿童的报道，像野火一样迅速蔓延”。人们仿照蒙台梭利的模式建立了许多新的“儿童之家”。蒙台梭利在世界范围内引发了一场幼儿教育的革命。

五、俄国教育家的师德观

俄国教育史，以十月革命为分界线，这里暂分为两个阶段。十月革命前，沙皇时期的教育以杰出教育家乌申斯基为代表；十月革命后，苏联建立社会主义制度，不仅涌现了大批的教育家，而且苏联政府对教师队伍建设提出了一系列的要求，让教师投入社会主义革命和建设，于是师德也成为苏联教师建设中的一项重要内容。下面我们仍以相关代表人物来阐述具体的师德观。

（一）乌申斯基的师德观

乌申斯基（1824—1870）是俄国卓越的教育家，是俄语教科书和儿童读物的作者，代表作为《人是教育的对象》。我们这里所阐述的乌申斯基的师德观，主要来自这部书的中译本。首先，乌申斯基给教师的定位是“过去和未来之间的活的环节”。教师的事业，从表面看来虽然平凡，却是历史上伟大的事业之一。为此，他提倡师德，因为“我们把子女的道德和心智，信托给教师；把子女们的灵魂，同时也把我们祖国的未来信托给他们”。其次，乌申斯基希望教师以身作则，成为学生的榜样，认为“教师个人的范例，对于青年人的心灵，是任何东西都不可能代替的最有用的阳光”。他提出教师的道德和信念表现在学生的身上，因为“不管教育者或教师如何把他的最深刻的道德信念隐藏得怎样深，而只要这些信念在他内心存在着，那么，这些信念也可能表现在加在儿童身上的那些影响上……并且这些信念愈是隐蔽，则它们的影响作用愈是有力”[①]。尽管他谈的是影响，实际上却是在阐述为人师表。再次，乌申斯基强调教师的教育素养和掌握教育机制的重要性。他提出，不论教师怎样研究教育理论，如果他没有教育机制，他就不可能成为一个优秀的教育实践者。最后，乌申斯基倡导教师要了解学生的心理发展状况，他把心理发展理解为在教学过程中学生心理活动质的变化，启发教师在教学过程中掌握心理发展规律，提高教学质量。

① 乌申斯基.人是教育的对象：第一卷[M]. 李子卓，等译. 北京：科学出版社，1959：9.

（二）苏联教育家的师德观

我国教育界比较熟悉的苏联教育家有列宁的夫人、教育家克鲁普斯卡娅（1869—1939），革命领导人、教育家加里宁（1875—1946），工读教育（高尔基工学团，即工读学校）创始人马卡连柯（1888—1939），教学与发展的实验者赞科夫（1901—1977），教育实践家苏霍姆林斯基（1918—1970）等。我于此作一文献简述，谈谈他们的师德观。

苏联教育家加里宁提出“教师是人类灵魂的工程师”，这是对教师职业的崇高和光荣的阐释，也是对广大教师的激励和鼓舞。几乎所有的苏联教育家都强调教师要热爱教育事业和热爱学生。如苏霍姆林斯基在《给儿子的信》中所说的“我热爱教育工作……教育的艺术就在于能够看到取之不尽的人类精神世界的各个方面”；马卡连柯曾说孩子是美好的生命，必须有爱和尊重；赞科夫在《和教师的谈话》中指出，教师的爱表现在严格要求和高度尊重上。

苏联教育家提倡以身作则，做学生的榜样，因为“教师思想上的一切转变，无形中都会影响到学生，只不过教师没有注意到罢了”。马卡连柯列举了教师生活的每一瞬间，诸如衣着、言论、情感、作为、举止的变化都在影响着学生，所以他强调教师集体的重要性，用教师的集体力量去教育学生。苏联教育家重视教师威信的建立，这个威信取决于师德的种种表现。马卡连柯自身有许多关于师爱和信任的故事，他从来不把失足青少年当作违法者或流浪儿看待，而是把他们看作具有积极因素和可能发展的人，利用师爱和信任转变他们。在他看来，尊重人、信任人，是教育人的前提；只有从尊重人、信任人出发，才能产生合理的教育措施，才能取得良好的教育效果。受过马卡连柯教育的谢苗·卡拉巴林，回忆了他在高尔基工学团做学员时，马卡连柯尊重他、信任他，使他走上新生的历程。

那是高尔基工学团创办不久后的一天，马卡连柯到监狱去领卡拉巴林，当马卡连柯和监狱长一起替卡拉巴林办理出狱手续时，马卡连柯亲切地要他暂时离开办公室。当时，卡拉巴林对此并不理解。过了十年后，当卡拉巴林已经是一名人民教师时，马卡连柯才告诉他："我当时之所以叫你走出监狱长的办公室，是为了不让你看见担保你出去的条子。因为这个手续，可能会侮辱你的人格。"卡拉巴林说："马卡连柯注意到我的人格，可是那时，我自己还不知道什么是人格。这是他对我的第一次温暖的、人道的接触。"在他俩从监狱去省人民教育厅的路上，卡拉巴林总是走在马卡连柯的前面，以表示自己不打算逃跑，而马卡连柯总是和他并肩而行，同时跟他谈话，使他高兴，所谈的都是关于工学团的事，只字不提监狱的情况和有关他过去的事。

有一次，卡拉巴林这样询问马卡连柯："请您直爽地告诉我，您相信我吗？"马卡连柯诚恳地回答说："过去的事不必提了。""相信。""我知道你这个人跟我一样的诚实。"马卡连柯还付诸行动，曾接连两次把带枪取巨款的重任委托给卡拉巴林去办理，使这位学员深受感动。卡拉巴林经过不懈努力，最终成为马卡连柯得力的助手和可靠的继承者。

卡拉巴林的变化历程，说明了尊重和信任在教育中的力量。马卡连柯正是运用这一力量，激起了少年违法者和流浪儿童的自尊感，把他们从自暴、自弃、自卑、失望和堕落的深渊中解救出来；使他们燃起对生活的热爱，对前途追求的火光。

苏联教育家倡导良好的教风和学风，如加里宁的为教而学、教学相长的观点，赞科夫的掌握广博而深刻的知识的观点，都是在强调师德中教风和学风的问题。苏联教育家提倡教师参加教育科学研究、理论联系实际。在苏联，出一个教育结论或观点，必须要有五至十年的成功教改实验作为前提，这是其他国家的教育家很少提及的师德观。

我欣赏苏联教育家的师德观，认为其与我国现时师德要求有不少相似之处。我在 1991 年访苏时，还特地与苏联教育科学院院士达维多夫在师德问题上交换过意见。

时代有古今，地域有中外，然而在重视师德的问题上，古今中外却有共识。如果联系今天世界各国对师德或教师职业规范的教育（培训）并作比较，可发现有不少异同点。

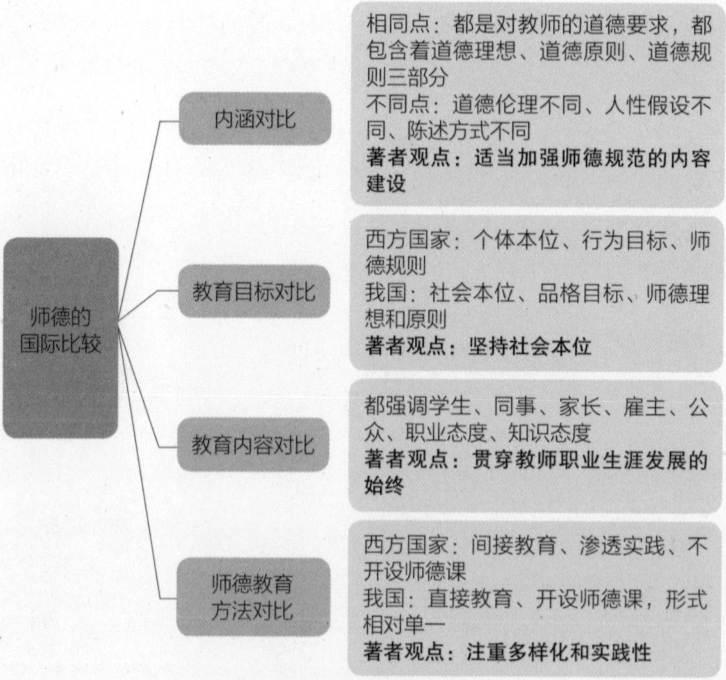

图2　师德的国际比较

图3　1991年，作者与苏联教育科学院院士达维多夫

第三讲

析师德，人之模范重修道

振兴教育，关键在师资。

教育部在《面向 21 世纪教育振兴行动计划》中，明确地把教师的培养与发展列为面向 21 世纪的“园丁工程”。

2012 年《国务院关于加强教师队伍建设的意见》的第一句话就是:“教师是教育事业发展的基础，是提高教育质量、办好人民满意教育的关键。”

世纪之交召开的全国第三次教育工作会议,《中共中央国务院关于深化教育改革全面推进素质教育的决定》指出:“教师要热爱党，热爱社会主义祖国，忠诚于人民的教育事业；要树立正确的教育观、质量观和人才观，增强实施素质教育的自觉性；要不断提高思想政治素质和业务素质，教书育人，为人师表，敬业爱生；要有宽广厚实的业务知识和终身学习的自觉性，掌握必要的现代教育技术手段；要遵循教育规律，积极参与教学科研，在工作中勇于探索创新；要与学生平等相处，尊重学生人格，因材施教，保护学生的合法权益。”

很显然，在这些对教师素质的具体要求中，有很多内容是与师德密切联系在一起的。可以说，师德是教师的灵魂！

学校教育作为培养人的神圣事业，教师是完成这项事业的中流砥柱。因此，教师的师德培养对学校教育的成败也就起着举足轻重的作用。如果我们把学校称为“德行的博物馆”，那么教师就是起着看守作用的卫士，看守着人类值得为之努力奋斗的东西——真理、美和正义。在教师不懈追求的背后，必须有某种重要因素作为支撑点，那就是师德。根据我和我的学生们的研究，我们把师德在一定意义上理解为职业理想、爱心、人格影响力和责权利的相互关系等。

师德的重要性，既可以在学习古今中外教育家的教育思想中体会到，因为古今中外的教育家都重视师德的重要意义，他们是我们的楷模，是我们的榜样；更可以在我们今天的教育实践中体现出来。

一、社会的发展不断对师德提出新的要求

教育是社会现象，社会不可一日无教育，正如王安石在《慈溪县学记》中写道：“天下不可一日而无政教，故学不可一日而亡于天下。”那么，什么叫教育？定义实在太多。我认为，所谓教育，它是一种以促进人和社会发展为目的，以传授知识、经验和文化为手段的培养人的社会活动。教育的本质到底是什么？我是研究发展心理学的，从自己的专业出发，我认为教育就是发展。作为从事教育工作的教师，促进人的发展了，推动社会发展了，那么他所做的教育就是好的教育、出色的教育、成功的教育。由此可见，教育是教师按照社会的要求，以其自身的活动，对受教育者——学生所施行的一种有目的、有计划、有系统的感化过程，从而引起、促进学

生的身心发展，使其出现合乎教育目标的发展和变化，成为社会所需要的人才。于是社会发展需要有良好的教师队伍，社会发展必须着力于教师队伍的建设。

因此，今天，社会发展的现实强调师德的重要性，凸显了社会赋予教师培养人才的责任，特别是道德教化、立德树人的要求。也就是说，针对社会的变革、社会的要求以及社会人才成长的任务，都会引申出社会现实与师德发展的联系。

其一，师德是教师的职业道德，是社会道德的一个重要组成部分。恩格斯指出，在社会生活中，“每一个行业，都各有各的道德”①。行业道德，即职业道德，其形成和发展的客观基础是社会的生产和分工。职业道德与职业活动相适应，是一般社会道德的特殊表现形式。

教师的职业道德或师德，是教师在教育活动中必须遵守的社会道德规范和行为准则，以及与之相适应的道德观念、情操和行为。换句话说，师德是社会道德规范和行为准则的内化，是教师从事教育事业的内在准则。我国教师的职业道德或师德有国家颁布的相关规范，设计内容为：教师对于社会主义教育事业的道德；教师对于与学生关系的道德；教师对于与同行关系的道德；教师对于与家长关系的道德；教师对于与社会关系的道德；教师对自身的道德要求；等等。②这些就构成了教师师德的内容。

① 马克思，恩格斯．马克思恩格斯文集：第四卷[M].北京：人民出版社，2009：294.

② 林崇德．师德通览[M].济南：山东教育出版社，2000：1183.

社会是发展着的，教育是发展着的，学生、家长是发展着的，教师自身也是发展着的，师德当然也必须随社会的发展而有所发展，甚至强化。这些内容都是在长期教育实践中形成的，它反映了社会发展对于教师的行为所提出的客观要求。师德的具体内容构成一种调节体系，它通过社会舆论或教师的自我修养，支配和控制教师在教育活动中的行为。

我国著名教育家陶行知先生就是一位重视教师自身道德建设的楷模。古人有“吾日三省吾身”，而陶行知则“每天四问”。1942 年 7 月，他在重庆育才学校三周年纪念会上提出“四问”的内容，就是每天要反躬自问，身体、学问、工作和道德上有没有进步，进步了多少。他认为道德是做人的根本，没有道德的人，学问和本领越大，就越会为非作歹，残害人民。他曾大声疾呼，要全校师生“建筑人格长城”。他自己就是用他的实际行动来“建筑人格长城”的。在育才学校，曾流传过一个关于陶行知的“两个口袋”的故事。

育才学校是陶行知和全校师生赤手空拳办起来的，有时全校师生几乎无米举炊。在这样的艰难困苦中，有人劝陶行知停办育才学校，但他坚决不答应。他发动全校师生走街串巷，向社会各界热心人士募捐，渡过一个又一个难关。陶行知带头外出募捐，并宣布一条纪律：募捐来的钱涓滴归公，在任何情况下，任何人不得借故挪用分文。他自己是这样说的，也是这样做的。他的上衣缝有两只口袋，一只口袋装公款，一只口袋装私款。有一次他到远处去募捐，走访了好多地方，募捐了不少现款，口袋里装得满满的。在归途搭车时，他忽然发现放私款的那只口袋里一分钱也没有了，当时他就有一个坚决的想法，决不挪用公家一分钱。尽管一天奔波下来，既疲惫不堪，又饥肠辘辘，但他仍坚持从十里外步行回校。

育才学校师生听到这个消息后，都非常感动，当他们赶到陶行知先生的住处慰问时，陶行知亲切、深刻地跟大家讲起韩非子在《喻老》中所说的一个比喻："千丈之堤，以蝼蚁之穴溃；百尺之室，以突隙之烟焚。"在现实生活中，小漏洞往往可以酿成大灾祸，千万不要因小失大。陶行知就是这样"以教人者教己"，在"建筑人格长城"中做到不留一点空隙。[①]

其二，社会发展的要求与教师的师德要求具有一致性。作为职业道德之一的师德，是一定社会道德关系的体现，师德最显著的特性是它的社会性，它反映一定历史条件下的某种社会关系和社会价值观。社会主义核心价值观强调"富强、民主、文明、和谐，自由、平等、公正、法治，爱国、敬业、诚信、友善"，这就要求教师的师德按这 24 字来规范，确保教师坚持正确的政治方向，践行社会主义核心价值体系，遵守宪法和有关法律，坚持学术研究无禁区、课堂讲授有纪律，帮助和引导学生形成正确的世界观、人生观和价值观。只有这样，我们教师的师德才会得到普遍提高，并逐渐达到《国务院关于加强教师队伍建设的意见》中提出的总体目标，形成一支师德高尚、业务精湛、结构合理、充满活力的高素质、专

① 陶行知教育小故事集[EB/OL].(2012-04-01). http://www.jxteacher.com/wxy2011/column5283/24f92796-54ao)-4614-8ab2-f81f538814f1.html.

业化教师队伍。

在中央电视台和《光明日报》联合举办的 2012 年“寻找最美乡村教师”大型公益活动中涌现出的 10 位最美乡村教师，无一不是以爱国、敬业、诚信、友善这样的标准要求着自己。“马背上的校长”徐德光，一个人改变了一所学校的邓丽，带学生一边练球一边种菜的肖山，用爱和生命去坚守的于贵勤，等等，在他们身上我们看到了教师的高尚情怀和奉献，他们无一不是在用实际行动践行着社会主义核心价值观。

其三，师德要为未成年人道德爬坡服务。现在社会上似乎都在争议：当今中国的道德在爬坡还是在滑坡？我认为，爬坡是事实，但是滑坡也是事实。因此我们且不去争论这个问题，但我们至少要清楚，从中华民族的文化出发，从中华民族的根本利益出发，从我们国家有信心、有条件、有能力成为世界强国的“中国梦”出发，未成年人的思想道德至关重要。然而今天谁能引导未成年人的思想道德建设？是学校，是我们当老师的。

我的好友陈会昌教授曾写了一本名为《德育忧思》的著作，上篇为“忧”，中篇为“思”，下篇为“变”。在这本著作中，未成年人的现状引起了作者的“忧”；未成年人的德育工作引起了作者的“思”；教师的德育是促进学生道德爬坡的基础，这是作者求“变”结论的来源。陈会昌教授在著作的最后特别指出了教师应有的职业素质，即师德表现：教育观念的前沿性，语言的哲理性和艺术性，认识问题的深刻性，对学生缺点的宽容性，评价学生时候的积极向善性，积极健康的人格特性，这些都是教师德育工作的前提。[1]因此，今天的学校工作必须坚持“以德育为先”的理念。与此同时，也要坚持教育者应该首先接受教育的观点，要使学生在道德上成功地爬坡，教师必须在社会实践活动中不断了解国情、社情、民情，必须提高自身的师德素养。

被誉为“中国的苏霍姆林斯基式教师”的李镇西，先后创作了《青春期悄悄话》《爱心与教育》《从批判走向建设》等多本作品，从教几十年，培育出无数优秀的学生。李镇西曾经讲过一个他教育学生的故事。当时在他的班里，有一个学生丢了1600元钱，虽然很快找到了“小偷”，但是李镇西觉得这不仅仅是一件简单的偷钱事件，它可能涉及全班同学的道德教育问题。于是，李镇西就借着这个机会给同学们讲了《悲惨世界》中冉·阿让的故事，他在偷了银器后获得主教的宽恕，从而决定做一个善良的人；以及几年前发生类似的事时，同学们的友善的捐钱行为和偷钱同学的认真悔改。结果大家都从这件事中学到了很多，并学会了宽容和爱。与粗暴的指责、打骂相比，李镇西老师敏锐地觉察到了事件背后的教育机会，他用很艺术的手段将善良和爱的深刻哲理传达给了同学们，从而引导同学们从一件“恶”的事件里学到了“善”。[2]

其四，崇尚师德，抵制社会上的各种不正之风。社会现实的发展、社会风气的进步、社会诚信的重振，都需要各行

① 陈会昌.德育忧思[M].北京：华文出版社，1999：278–279.

② 李镇西的教育故事[EB/OL].(2012-05-15).http:/heww.syerzh.com/secondErlQita/Qitaview.asp?ViewID=1040.

各业的人从自身的职业道德提升入手，从自己做起。而在教育领域，令人震惊、令人困惑，甚至令人不齿的事件也时有发生。如仅在2011年10月至11月一个月之间媒体报道的事件就有：2011年10月18日，某市某小学给“差生”戴绿领巾。2011年10月27日，某市某中学给优秀生发红色校服（一般学生发蓝色校服），红色校服背后印有“××中学优秀生”和“××房地产”字样。2011年11月1日，某省某中学按成绩给学生发三色作业本。2011年11月8日，某省某中学初三年级的老师安排学困生在教室外面考试。当日正好是二十四节气中的立冬，气温骤降。在寒风中考试的学生有的戴着帽子，有的握紧拳头，脸蛋被冻得通红。老师的说法是，安排平时学习较差、偶尔爱调皮捣蛋的学生在教室外面考试，意在让学生通过吃苦体会学习的艰辛。

……

作为一名人民教师，我们是不是想拍案而起了？

那是因为教师是人类灵魂的工程师！汉代扬雄曾说教师是“人之模范”，卢梭在《爱弥儿》中也强调，在敢于担当培养一个人的任务以前，自己就必须成为一个令人尊敬的模范。①

全国广大教师大力弘扬高尚师德，提高师德的水平，既教育学生抵制社会的不正之风，又能用教师的良知去赢得社会的尊重，提升教师的社会声望和社会地位，从而促进全社会自觉地尊师重教。

---

① 卢梭.爱弥儿[M].方卿，编译.北京：北京出版社，2008：31.

其五，弘扬高尚师德，维护教师队伍的整体形象。长期以来，我们的教师能把师德作为自身素质的核心，为我国教育事业改革和发展作出重要贡献，赢得了全社会的广泛赞誉和普遍尊重。但是，近年来极少数教师严重违反师德的丑恶行为时有发生，严重影响了教师队伍的整体形象，引起了社会的广泛关注。一个学校的教师能为人师表，有好的品德，就会影响学生，带动学生，使整个学校形成一个好校风，这样就有利于学生的德、智、体、美、劳全面发展，对学生的成长大有益处。

2011 年 11 月 22 日，腾讯网等网站都转载了这样一则题为"'最美教师'来自啥校园　没大楼大师有老师的爱"的消息：

时钟走到 2011 年 11 月 10 日早上 7 点 30 分。

衢江区第四小学，同学们陆续到校，姜文和陈霞老师走进六年级教室，学生还没有到齐。

差不多时间，衢州大润发商场的一位管理人员发现："东方骆驼"服装店没有开门，他打电话给了店长夏肖艳。

这一天，本来是店员姚慧芬当班。夏肖艳马上打电话给姚慧芬，停机，她只好另外安排店员开门。

大家都还没意识到这是一个意外。

7:40　所有的同学都到齐了，还没有看见 13 岁的翁进城和 12 岁的翁明冲姐弟。姜文和陈霞确定两名学生迟到异常，因为两个孩子平时很乖。

两位老师拨打孩子母亲姚慧芬的电话，发现停机。她们心里有些紧张。

7:50 姜文和陈霞立刻决定去家访，叫上了体育老师江忠红当司机，他们边走边打电话，安排好了调课事项。江老师开了自己的私家车出发。他想，如果出了事，他能帮助两个女老师。

8:15 夏肖艳赶到姚慧芬家门口，喊门无人应答，听见里面有狗叫，以为人不在家。但是，她发现姚慧芬的电瓶车还停在楼下。

8:20 一路上，三位老师沿着姐弟俩上学的路，排除了交通事故的可能性，并根据平时登记的地址，找到位于清莲里社区的姚家。

8:30 姜文、陈霞、江忠红赶到姚慧芬家门口，敲门，只听有狗叫却无人应答，老师们留下纸条贴在门上。这时，他们觉得，可能出事了。

8:35 三位老师来到服装店里寻找，和夏肖艳在店门口相遇，互相交流了消息，并留了手机号码。家长和孩子同时失踪，让他们觉得事情更严重了。同时，江忠红做出“可能是煤气中毒”的猜测。随后，老师们自己掏钱给姚慧芬手机充值，夏肖艳第二次赶到姚慧芬家。

8:40 老师们不断拨打姚慧芬的手机，终于听到了断断续续的声音。另一边，夏肖艳终于找到姚慧芬一个开店的亲戚。

8:45 姚慧芬的弟弟赶到现场，门开了，房内三人已经不省人事，密闭的房间里放着一只煤炉。夏肖艳陪着他们到医院急诊室。医生说，命悬一线啊，三人是一氧化碳中毒，要是晚送医院半小时，命很可能就没了。

确定三人已经救出，三位老师赶回学校上课。

看到这里，我们不禁要问：

第一，这是一所什么样的学校？它为什么会有如此美的土壤？

校长马建红说："我们没有大楼，我们也不是大师，但我们不可以没有大爱。"这就是回答。

第二，发现学生没有准时到校，老师为什么会第一时间赶去家访？

姜文老师说："我们学校36个老师，每个老师都是姜文、陈霞。不管换上谁，谁都会这样去做。"寻找迟到学生，衢江四小的每个老师几乎都经历过。

第三，民工居住环境复杂，老师怎么会知道学生地址？

陈霞拿出了一个文件夹："十大知晓"学生档案。她说，每个班主任都会有这样一本文件夹，里面详细记录了每一个学生的住址、家庭背景、联系方式、上学路径和交通方式、用餐习惯、性格特点、最好的朋友等十方面的30多项内容，如有变化，便会第一时间更新。

第四，为什么数次找不到孩子，老师依然坚持不放弃？

陈霞老师说："不嫌弃，不放弃，不抛弃，这是我们每个老师共同的信念。"

走进两位老师的办公室，会看到斑驳的墙壁上有一句醒目的标语:“日常教育，慈悲为怀；日常教学，敬畏为上。”

这就是一个学校教师的师德！这就是师德的力量！

为了大力弘扬高尚师德，国家教育行政部门必须构建师德建设的长效机制，即建立健全教育、宣传、考核、监督与奖惩相结合的师德建设工作机制。建立健全师德建设长效机制，特别是教师的奖惩制度，正是当前社会向教育部门提出的最现实的要求。

二、教师的发展与学生的发展对师德提出新的要求

中华民族强调“修道之谓教”，教育是“修道”。上面曾谈到学生应合乎教育目的或目标的发展变化，教育的目的应从“修道”的目的出发。中华民族历来重视教育目标问题，宋代张载说，“为天地立心，为生民立命，为往圣继绝学，为万世开太平”，这是古人提出的教育目标。以往的教师、学生每每读到张载这“四为句”，往往会激动不已，竟至潸然泪下。因为天地本无心，以人为心，人可以认识自然；天命之谓性，率性之谓道，修道之谓教，教可使民安身立命；往圣的智慧、民族文化的优秀传统需要继承发扬；最终实现人民安居乐业，万世天下太平。而认识自然、修道立命、继承传统、天下太平就是教师的责任！

今天，张载的“四为句”需要有适合社会发展的具体内容来充实。我们的教育目标是使受教育者在德、智、体、美、

劳等方面得到全面的发展。按《说文解字》的解释，“教，上所施下所效也”“育，养子使作善也”。现在，我们以现时的教育方针所规定的教育目标为基础，从“上所施者”的教师和“下所效者”的学生来分析，阐述师生的发展会对我们的师德提出哪些新的要求。

教师的作用，主要表现在传承文化文明，使之延续与发展；教书育人，促进人才茁壮成长；弘扬科学精神，促进社会进步。爱因斯坦说：“使学生对教师尊敬的唯一源泉在于教师的德和才。”教师的作用，其基础是自身的发展。教师的发展体现在教师的德与才两个方面更好的成长，它有三个含义：

一是为人师表的形象。我们的教师要认真贯彻党和国家的教育方针，落实教育目标，教书育人，敬业奉献，为我国教育事业改革和发展作出重要贡献，赢得全社会的赞誉和尊重。经师可得，人师难求。由此可见，为人师表的先决条件是讲师德。因此要加强师德教育，把教师职业理想、职业道德、学术规范以及心理健康教育融入教师培训全过程。

湘潭大学商学院副教授李时华与癌症搏斗、坚守教学一线的感人故事，在全社会引起了巨大的反响，她用实际行动向我们诠释了什么是为人师表。尽管右耳失聪，左眼视力仅剩 0.05，嘴里没唾液、嘴张不开，但李时华不向命运屈服，不向病魔低头，心中只有一个坚定的信念：好好活着，将最宝贵的生命之花绽放在挚爱的三尺讲台上，绽放在深爱着的每位学生心中。“生命为什么宝贵？”李时华用行动回答了一个严肃又重要的哲学命题：“活着有意义才宝贵。”在她心里，只要能给学生上课，就是最好的治疗方式。身患重病，担心的不是自己的病情，却是贫困学生的棉衣、棉被是否到位；生活拮据，却将微薄的工资用于资助困难学生，将借来治病的钱毫不犹豫地拿出2000元资助病友。李时华老师是生活的勇者，更是师德的标杆，她身上散发出的精神品质，传递出一种道德力量，用生命诠释了若为人师，其先决条件是有高尚的师德。

二是成功教师的要求。组织行为学指出，成功人才有八个特点：境界、襟怀、抱负、思想、能力、气魄、毅力、谋略[①]，前四个是德的要求，后四个是才的要求。明末清初教育家张履祥说："德者业之本，业者德之著。德益进则业益修，业益修则德益盛。二者亦交养互发，实是一种功夫。"[②]其意为德为才之帅，才为德之资，二者结合更能成功。党的十八大报告提到，"加强教师队伍建设，提高师德水平和业务能力"，就是把德与才一起提出来的，并把师德放在首位。由此可见，教师的成功必须以良好的师德为先。

三是年轻教师成长的需要。时代赋予新一代教师学历较高、热爱生活、兴趣多元、积极创新、敢于探索等优点，但是，他们中一些人常常会过多地重视生活的质量，忠于个人的兴趣，维护自我的权利，捍卫个人的尊严，从而淡化权威

① 格林伯格．组织行为学：英文版·原书第4版[M].张志学，改编．北京：机械工业出版社，2007.

② 张履祥．杨园先生全集：全三册[M].陈祖武，点校．北京：中华书局，2002：1153.

权力，厌恶规则的约束。如果遇到工作压力大、负担重等情况，一些年轻教师往往会产生职业倦怠。所谓职业倦怠，是指从事高强度、高人际接触频率工作的人员所产生的情绪衰竭、去个性化和个人成就感较低的症状。据研究，在我国中小学教师中，教龄在五年以内的年轻教师职业倦怠程度较高。[①]要提高年轻教师的修养，使他们成为一名合格的人民教师，办好人民满意的教育，就必须从师德入手。

学生是祖国的未来，是中华民族的希望。他们的思想道德状态如何，直接关系到中华民族的整体素质，关系到国家前途和民族命运。我国对外开放的进一步扩大，为广大学生了解世界、增长知识、开阔视野提供了更有利的条件。与此同时，也存在着许多新情况和新问题，例如互联网等新兴媒体虽然能给学生学习和娱乐开辟新的渠道，但腐朽落后的文化和有害的信息也会通过网络传播，腐蚀学生的心灵。这就需要教师给予正确的引导，这也直接考验教师的师德水平和德育能力。

正如卢梭在《爱弥儿》中写道:“教师的责任是：不要让学生把注意力放在无关紧要的琐事上，要不断地使他接触与他未来有关的东西。必须善于启发他的思想。”意指师德高尚的教师始终把全部精力放在教育学生如何做人的头等大事上。更何况，学生对教师深怀崇敬的心态，在学生的心目中，甚至把教师视为社会的规范、道德的化身、人类的典范、父母

① 王芳，许燕．中小学教师职业枯竭状况及其与社会支持的关系[J]. 心理学报，2004，36(5)：568–574.

的替身。古人云："智如泉源，行可以为表仪者，人师也。智可以砥砺，行可以为辅弼者，人友也。"[1]教师应该既是学生的良师，又是学生的益友。所以，学生总是把师德高尚的教师作为学习的楷模、效仿的榜样，模仿其态度、情趣、品行，乃至行为举止、音容笑貌、板书笔迹等。一个班级的班风，在一定程度上是其班主任人格的放大，一个学校的校风是其校长人格的扩展。这就是有什么样的教师就有什么样的学生的现实基础，常言说"身教重于言教"也是这个道理。教师的师德成为促进学生发展的关键，所以老师在教育中，一定要重视言传身教，重视学生的品德教育。宏志班的班主任田成清老师就做到了这一点。

北京延庆县（今延庆区）第二中学创建了京郊第一个宏志班，田成清老师成了首任班主任。为教育宏志生正确对待贫困，消除自卑情绪，树立自我奋斗的观念，田成清率先以身作则。她自己收集废品，并号召学生一起捡矿泉水瓶子、收集废纸、回收废旧电池，在全校开展回收废旧物活动。南方雪灾、汶川大地震……这些本身就很贫困的学生在田老师的带动下，慷慨地拿出了自己的零用钱帮助别人。为了消除孩子因家长不能提供优厚的物质条件而产生的抱怨情绪，进而理解父母的艰辛，田老师首创了"家长心语驿站"。每逢家长会，田老师都会将孩子的闪光点告诉家长，点燃家长对孩子的希望。家长会在田老师的组织下，成为孩子和父母最期待

① 韩婴.韩诗外传集释[M].许维遹，校释.北京：中华书局，1980：185–186.

的事。家长经常说，孩子进了宏志班，懂事多了，经常往家里打电话，一回家就帮忙干活。田老师用自己的言行，对学生进行品德教育，让学生能够身心健康地成长。[①]

三、师德是教师素质的核心成分

中华民族传统文化的"素养"——"修身养性"观引发我对教师素质含义的理论思考。如何分析教师的素质呢？我与我的学生提出下面六条原则：

第一，要切实体现教师这一职业的特殊性，反映出教师的独特的本质，教师的工作绝非一种平常的谋生职业。教师的职业，就是教师的专业，也是教师的"教书育人"的事业。

第二，对教师素质的理解，可以从多学科、多角度开展研究。但无论从哪个角度研究都要有深刻的理论背景，不能由研究者凭空设计。我们的理论基础主要是心理学科。

第三，教学活动是教师工作的中心任务，教师素质的含义决定了教师必须着眼于教学活动本身。

第四，反对那种元素堆砌的教师素质观，而应将教师素质看成一个系统的结构，其内部包含着复杂的成分和动态的变量（如图 4）。

① 田成清：宏志妈妈大爱无疆[EB/OL].(2013-09-06). http://edu.sina.com.cn/l/2013-09-06/1027232902.shtml.

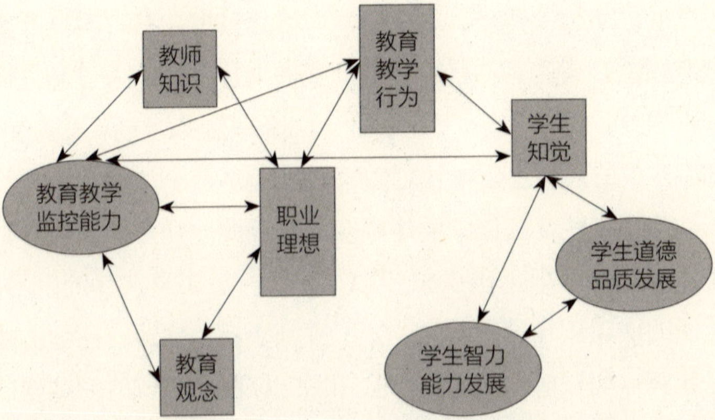

图4　教师素质与学生发展关系模拟图

第五，教师的素质是能提高的，教师的素质是结构和过程的统一。发展性、动态性是其精髓。

第六，教师素质的含义应能为教育实践和教师培训工作提供理论指导，具有可操作性。

由此，根据二十多年的理论研究和实践研究的结果，我们把教师素质理解为，教师在教育教学活动中表现出来的，决定其教育教学效果，对学生身心发展有直接而显著影响的思想和心理品质的总和。我们认为，教师素质在结构上，至少应包括图 4 中的成分：职业理想（师德）、教师知识、教育观念（对学生的期望值）、教育教学监控（反思）能力以及教育教学行为。[①]

我们用这个模式要说明的无非是以下五点：

第一，教师知识是教师从事教育工作的前提条件。汉代

① 林崇德．林崇德心理学文选：全二册[M]．北京：人民教育出版社，2012：492.

王充说："人才有高下，知物由学。学之乃知，不问不识。"清代严复说："民智者，富强之原。"康有为也说过："夫才智之民多则国强，才智之士少则国弱。"可见知识是人才成长的关键，知识多少关系到社会与个人发展的成败。

教师在教育工作中要传授知识，因此教师知识多少对其素质的高低就显示出了重要性。知识，是人类实践的产物、认识的成果和经验的结晶。知识来源于社会实践，社会实践是人类一切知识的基础和检验知识的标准。知识的形成要以人类的语言为工具，知识借助于一定的语言，物化为生产劳动和社会变革产品的经验形式，用以交流或代代相传，成为人类共同的精神财富和文化文明。而教育正是运用这种知识来传承文化、培养人才的。所以教育离不开知识，否则，教育就无内容可言；知识也离不开教育，否则，知识也就无从传递，不仅难以传递给下一代，而且也不能获得新的发展。知识与教育，两者是相辅相成的。

对于教师的知识结构，不同研究者有不同的研究角度或研究方式，因而也就有不同的理解。从其功能出发，教师知识可以分为四个方面的结构内容：本体性知识指教师所具有的特定的学科知识，文化知识指教师知识的渊博程度，实践性知识指教师的教学经验、教育机制等知识，条件性知识指教育理论知识，如心理学、教育学和各科教学论等。这四个方面知识共同构成教师的知识结构，这在本书第六讲会展开阐述。

教师的教学水平提高，是这四方面知识协同作用的结果。

第二，教育观念（或信念）是教师从事教育工作的心理背景。一位优秀的教师肯定认为：“我一定能教好学生。我的学生一定会进步、会成才。”这种期望就是教师的教育观念，也就是教师的信念。很少有人怀疑下述观点，即教师的观念影响他们的知觉、判断，从而影响他们的课堂行为，或者说，理解教师的观念结构对改进教师的职业准备和教学实践来说是非常有必要的。我们的研究证明，教师的教育观念对他们的教育态度和教育行为有显著的影响，很明显，如果一个教师认为“一个班级的学生中总是有好有坏，教师不可能把每一个学生都教成好学生”，那他就很可能会慢慢放弃对班上学习暂时不好的学生的教育。在教师的教育观念中，一个重要的问题是教师的教育效能感。人们把教师对自己影响学生学习行为和学习成绩的能力的这种主观判断定义为教师的教育效能感。近三十年来，研究者越来越关注教师如何看待自己的教学效果以及这种看法与学生学习成绩之间的关系等问题。已有的研究表明，教师对自己影响学生学习行为和学习成绩的能力的主观判断与他们的教学效果密切相关。

这里有一个典型的例子就是著名的“皮格马利翁效应”。皮格马利翁是希腊神话中的塞浦路斯国王，他在雕刻一座少女雕像时竟钟情于这尊雕像，后来他的痴情感动神灵，神灵将这尊雕像变成真人，与他结为伴侣。心理学家罗森塔尔曾做过这样一个实验：对小学各年级的儿童进行“预测未来发展的测验”，然后向教师提供信息，指出其中一些儿童有发展的可能性。实际上这些孩子完全是随机选取的。八个月后，这些孩子的智力得到了明显的提高。实验表明，教师的期望对学生的行为发生了显著的影响。

第三，教育教学监控能力是教师从事教育活动的运转中心。在教师素质的结构中，有一种素质可以称之为才华，即教师的教育能力。教育能力所包括的范围非常广泛，例如，教学能力，语言表达能力，教育观察能力，注意力分配的能力，思维的系统性、逻辑性和创造力，教育想象力和教育机制，等等。当然，这些能力都是一位合格教师应具备的。其中，有的是教师内在的潜能，有的是教师外在的行为表现。我们将其概括一下，无非是两种能力：一种是教师的课堂教学能力，一种是教师的德育能力，这两者加起来构成一个合格教师的教书育人的才华。这种才华的中心成分是什么呢？我们从自己的思维结构观出发，认为其运转中心为教育教学监控能力。它表现为教师在教育教学活动中的那种“知其然，又知其所以然”的品质。这种监控能力是教师从事教育教学活动的自我监控或反思要素。如果说教育成功的原因之一，来自教育活动加反思，那么这说的就是教育教学监控能力的重要性。

第四，教育教学行为是教师素质的外化形式。教师的工作主要表现在教学上，尤其是课堂教学上，因此教师素质突出地表现在其教育教学行为上。换句话说，教育教学行为是教师素质的外化形式，它既是一种技术，更是一门艺术。教学是教师组织和指导学生的认知、达成教学目标的师生的共同活动，在这一活动中，教师的教育教学行为起着关键的作用。一个教师教学效果的好坏，直接地取决于其教育教学行为的合理与否。虽然我们强调教师的知识、观念、工作积极性和教学监控能力对其教学的作用，但很明显，这些因素必须通过教师的教育教学行为体现出来。学生也是通过观察教师的教育教学行为，来理解教师的要求、掌握知识、发展自身能力、培养健康的个性品质的。因此，调整自己的教育教学行为，使之有利于教学任务的完成，有利于学生的全面发展，就成为教师教学成功的关键因素。一位长时期连课都教不好的教师绝对不是称职的教师。要成为一个能教好课的教师，一定要有适当的教学方法。

某教师进修学校附属学校的胡佩贞是一位一线数学教师，在日常教学中她坚持使用故事来激发数学课堂的生命力。例如，在讲授“平移”这一知识点时，胡老师为学生创设了一个“猫捉老鼠”的故事情境：淘气养了一只猫叫喵喵，喵喵非常勤快，做事认真，就像我们的小朋友一样。有一天，家里来了一只老鼠，老是偷吃东西，这可把淘气给急坏了。于是喵喵决定，一定要捉到这只老鼠，狡猾的老鼠躲到了一个格子图上，小猫如何平移才能捉到老鼠呢？你们能帮小猫想一想吗？听完故事后，学生马上来了兴趣，胡佩贞让学生以小组合作的形式，探讨这一富有挑战性的问题。胡老师采用灵活的教学方法，让学生在观察和交流中分析、探索、比较、体悟。学生在这样的故事情境中学习，不仅兴趣盎然，学得主动，而且对知识的理解也更为透彻。[①]毋庸置疑，胡佩贞这样一位能够讲得精彩，让学生学得轻松的老师一定是学生心目中的好老师。

第五，职业理想（师德），是教师献身于教育工作的根本动力，是教师素质的核心成分。动机因素是一切行为的发动性因素，这对教师的教育教学工作来说也不例外。教师要忠诚于人民的教育事业，干好教育工作，首先要有强烈而持久的教育动机，以及很高的工作积极性。设想一个对教育工作毫无兴趣的人，一个见到学生就心烦的人，会努力完成教育教学工作吗？目前，我国教育亟待增强教师的事业心，强化教师的职业责任感，提高教师的工作积极性。从某种意义上说，这不仅是当务之急，也是国家百年大计。我们将这种事业心、责任感和积极性称为教师的职业理想，这也就是我们平时所说的师德，即教师的职业道德。

师德是教师"责、权、利"三方面的集中体现。从"责、权、利"三个要素来看，责，意味着我们承担着一定的社会责任，即全心全意地为学生服务；权，教师调动、影响新的一代的积极性，决定着他们的素质高低；利，教育这种职业劳动，为社会培养文化、经济、政治所需要的人才，教师的利益是与国家利益、社会整体利益以及服务对象——学生的利益三者紧密地联系在一起的。师德的最终目的是为国家培养出优秀人才，所以忠诚教育事业是教师的"责、权、利"三方

① 胡佩贞．听故事，学数学——用故事激活数学课堂的生命力[EB/OL].(2012-12-12). http://www.docin.com/p-708072144.html.

面的集中体现。

师德的实质就是教育事业的“业”字，师德体现的正是对教育事业、教育岗位及其社会地位的道德规范、道德范畴和道德心理的认同。教师的知识如何传授，教师要建立怎样的教育信念，教师的反思机制能否形成，教师的外化形成质量高低，这些主要是由教师的动机因素来驱动，即由教师的师德来决定的。我们可以看出师德的动力作用和核心地位，显示出教师的师德修养是其整体素质或素养的关键。教师的师德是否彰显是教育体制能否建立、教育质量能否提高、教育目标能否实现的关键因素。

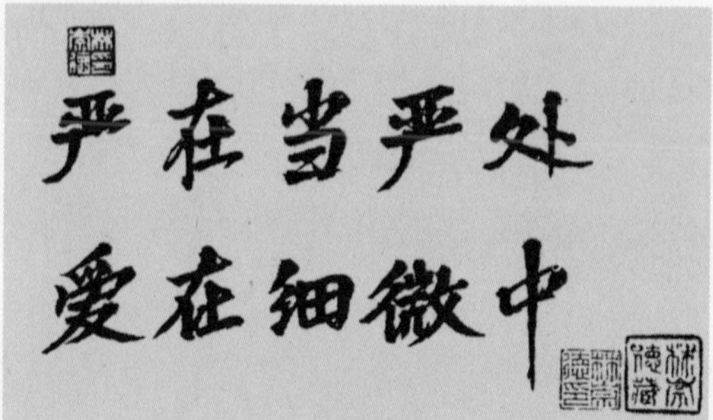

图5　严在当严处　爱在细微中

第四讲

论师业，爱岗敬业铸师魂

网上流传着这样一首赞美师德的诗：

师德，是热爱孩子的赤诚之心，
师德，是热爱岗位的敬业精神，
师德，是热爱事业的博大胸怀，
师德，是以身立教的形象之本。
忆往昔，
师德，是孔圣人“学而不厌，诲人不倦”的伟大修养，
师德，是陶行知“捧着一颗心来，不带半根草去”的人生信仰，
师德，是徐特立“忠贞为教，严谨治学”的优秀品格，
师德，是“其身正，不令而行”的无声影响……
看今朝，
师德，是蒋筑英“春蚕到死丝方尽”的呕心沥血，
师德，是董大方“既教书又育人”的自我超越，
师德，是商静、齐丹对幼教事业的执着追求，
师德，是托起明天太阳的崇高境界……

啊！师德，

师德，是夯实高楼大厦基石的高度责任，

师德，是在希望田野上的辛勤耕耘，

师德，是放飞理想的巨大力量，

师德，是用灵魂塑造灵魂的壮丽写真！[①]

是的，教师的岗位，立足学校，坚守在三尺讲台；教师的事业，教书育人，培养着国家的栋梁。

我们听过一首又一首赞美教师的颂歌:《春蚕赞》《红烛颂》《园丁之歌》《咏人梯精神》《启智求真曲》《世纪的榜样》《永远的诉说》《终生的感激》《洒下一片深情》《传承文明的诗》《生命因你而蓬勃》……在世界上，还有哪一种职业，有这么多的赞歌？然而，在这世界上，还有哪一种事业，比培育、塑造人的灵魂更为艰巨？这里的内涵，体现在“爱岗敬业”四个字上。

一、何谓教师的爱岗敬业

《中小学教师职业道德规范》1997 年版和 2008 年修订版，均涉及“爱岗敬业”。1997 年版将其解释为“热爱教育、热爱学校，尽职尽责、教书育人，注意培养学生具有良好的思想品德。认真备课上课，认真批改作业，不敷衍塞责，不传播

① 朱洪湘.师德颂[EB/OL]. (2012-05-30). http://www.eduzhai.net/youer/358/436/youer_150217.html.

有害学生身心健康的思想”。2008 年修订版将其解释为“忠诚于人民教育事业，志存高远，勤恳敬业，甘为人梯，乐于奉献。对工作高度负责，认真备课上课，认真批改作业，认真辅导学生。不得敷衍塞责”。在《高等学校教师职业道德规范》中将其表述为“敬业爱生”，意为“忠诚人民教育事业，树立崇高职业理想，以人才培养、科学研究、社会服务和文化传承创新为己任。恪尽职守，甘于奉献。终身学习，刻苦钻研。真心关爱学生，严格要求学生，公正对待学生，做学生良师益友。不得损害学生和学校的合法权益”。

中国历代教育家都重视教师的爱岗敬业，例如孔子的“学而不厌，诲人不倦”，强调的是对教育事业的热爱、勤勉；孟子的“得天下英才而教育之，三乐也”，提出了明确的教育目标；韩愈的“传道、授业、解惑”，解释的是教育内容；陶行知的“捧着一颗心来，不带半根草去”，阐述的是教师的敬业与奉献精神。这一切，我们称其为“师业”。

国际上外国教育家也都重视教师的爱岗敬业，例如，夸美纽斯认为“学校是造就人的工场”，应“采用良好的榜样，施用温和的言辞，并且不断诚恳地、直率地关心学生”；卢梭认为，“凡是教师缺乏爱的地方，无论品格还是智慧都不能充分地或自由地发展”，卢梭把教师指导学生做人看作其“天职”，阐述了教育的主要目标；凯洛夫的《教育学》倡导发展学生的各种能力，培养全面发展的人；加里宁指出，“教师们把自己的全部精力和血汗，把他所有的一切宝贵品质都贡献给自己的学生，贡献给人民”，阐述的是教师的奉献精神。所有这一切，都在论述教师的“师业”，即爱岗敬业的理念。

爱岗，即热爱自己的岗位，是敬业的前提。因此它绝不是简单的“站好一班岗”，而强调的是“爱”。裴斯泰洛齐说：“每一种好的教育，都要求用母亲般的眼睛，时时刻刻准确无误地从孩子的眼、嘴、额的动作，来了解他内心情绪的每一种变化。”因为有爱，才可以义无反顾、勇往直前，抛头颅、洒热血地敬业。这里，我们呈现2012年度全国教书育人楷模黄希庭教授和杭州学军中学原校长陈立群的事迹。

西南大学资深教授黄希庭先生是一位爱岗敬业的模范。1961年从北京大学心理学专业毕业后，他被分配到重庆北碚小镇上的西南师范学院。那时，北碚的条件极差，为了有一个教学备课和写作的环境，每到夏天，他总要打上一桶水，双脚泡在水桶里来避暑。1964年，他考回母校读研究生，那时北京大学心理学专业属哲学系。1976年，黄希庭研究生毕业，时处“文革”第二年，在重政治的当时，北京、上海条件好的单位需要哲学系的研究生，但是他还是毅然回到西南师范学院，把毕生献给西部学校。“文革”后心理学专业恢复，其他不少高校希望黄希庭加盟，可是他坚定不移地安心在西部工作。他对教学工作总是满腔热情、一丝不苟。他为本科生讲授过自然辩证法、公共课心理学、普通心理学、实验心理学、人格心理学等多门课程，至今还为硕士生、博士生授课，他把自己生命中最美好的岁月奉献给了最令他自豪和欣慰的学生们，奉献给了教育事业。他提倡夯实基础，学以致用；培养能力，激发创新；教人立志，报效祖国。他从

1986年开始培养硕士研究生，1993年开始培养博士研究生，到2012年，他已经为国家培养了130位硕士、62位博士、15位国内高级访问学者。他所指导的博士学位论文，其中一篇获全国优秀博士学位论文奖，一篇获全国优秀博士学位论文提名奖，他的许多学生已成为国内的著名心理学家，大部分正在高校教学科研岗位上作贡献。黄希庭为我国培养了不少栋梁之材，真可谓桃李满天下。由于他恪尽职守，成绩不凡，因此被授予“2012年度全国教书育人楷模”称号。他还被中共重庆市委、重庆市人民政府评为“新中国成立60周年重庆杰出贡献英模”（2009年）、“重庆直辖10年建设功臣”（2007年）、“全国先进工作者”（2005年）、“振兴重庆争光贡献奖”（2003年）、“重庆市劳动模范”（1985年）等。

浙江杭州学军中学校长陈立群，退而不休，拒了百万年薪，在花甲之年一头扎进偏远的贵州大山里的台江县民族中学，他说：不为功利，不求功德，只为心愿。他也是爱岗敬业的典范。

贵州省黔东南苗族侗族自治州台江县有“天下苗族第一县”之称，是曾经的国家扶贫开发工作重点县，也是杭州的对口帮扶点。机缘巧合，陈立群于2016年8月来到台江县民族中学担任校长。尽管台江县民族中学是这里唯一的高中，但彼时的教育基础非常薄弱，生源流失异常严重，学校的硬件与管理远未达标，遑论教育质量。在浙江，每年从学军中学考进北大、清华的学生就有几十个；而在台江县民族中学，每年二本上线率仅10%。更大的阻碍是，这里几乎所有人都不重视教育。大多数家长对孩子是否读书升学抱无所谓的态度，而更有学生“读三年高中的目标，竟然是娶个老婆回家”。

物质是基础，规矩成方圆。陈立群运用丰富的管理经验，首先从学校的硬件和规范入手进行大刀阔斧的改革及大力建设：原来供应 2000 多名寄宿生和 180 名教职工用餐的一个食堂一口锅变为三个食堂六口锅；新建宿舍楼，维修旧宿舍，满足全校 3000 多名学生的住宿需要；出台系列规章制度，实施全封闭式管理，规范学生和教学纪律。短短一年时间，台江县民族中学就发生了翻天覆地的变化，全县中考前 200 名学生由往年只能留住十来个变为只走了 8 个，中考录取分数线涨了 100 多分。

陈立群为增强贫困地区教育可持续发展的造血功能深谋远虑。对于教师，他强调灵魂工程师们职业理想与教育教学能力的培养：支教四年多时间里，陈立群个人捐出 20 多万元奖励有爱心、有责任心、有能力的优秀教师；作义务报告讲座 60 余场，运用科学的方法培训校长、教师过万人，打造了一支“不走的”教师队伍。对于学生，陈立群时刻坚守爱与责任，他资助贫困学生 10 多万元，家访足迹遍布 100 多个苗寨。一年支教期满时，学生们舍不得，陈立群也舍不得，他最终选择继续留下。四年来相同的画面多次重现，同时上演的故事还有台江县民族中学高考本科完成率从全州末尾冲到了全州第一，2019 年 561 人考取本科，一本上线首次超 100 人，最让陈立群欣慰的是，这些成绩背后教育观念的改变。

信仰坚定，潜心育人，爱岗敬业，一片丹心。2019 年，陈立群被授予“时代楷模”称号。

教师的爱岗敬业精神有着十分丰富的内涵和外延，具体表现在四个方面。

一是热爱教育事业，热爱本职岗位。

任何一个职业都有爱岗敬业的职业道德，然而，教育是一个特殊的职业。捷克教育家夸美纽斯说过：“太阳底下再也没有比教师这个职业更高尚的了。”然而，其作用与地位除了确实有令人羡慕的一面之外，还有使相当多教师深感困难的一面。教师面临着与一般职业不同的种种困难，这是造成教师流失现象的原因，也是滋长新的“家有三斗粮，不当孩子王”观念的根。然而，我们绝大多数的教师都热爱教育事业、热爱本职工作，坚守在自己的三尺讲台旁。这就是师德，正是有这种师德，中国的一千多万教师才承担起两亿多学生的教育任务。由此可见，教师只有真正做到心甘情愿地为实现自己的社会价值而自觉投身教育工作，对教育事业心存敬重，甚至是苦中作乐，才能产生巨大的拼搏动力。教育是爱的事业，鲁迅强调“教育根植于爱”。一个热爱教育事业的教师，会感受到教育对其人生的社会意义和价值，会在教育教学活动中感受到生命的活力，体验到人生的幸福与快乐。

二是热爱学校，时刻关注学校，以学校的发展为己任。

当教师踏入校门之时，就已经把自己交给了学校，以校为家，与学校同发展、共荣辱。有些农村学校的教师的生活是比较清贫的，但是为了学校的发展，为了教学的正常开展，他们可以无偿地把家里的东西搬到学校，甚至是垫上自己微薄的工资，这充分反映出教师伟大的胸襟和对学校的热爱。

在重庆金佛山深处有一所规模宏大、设施齐全的学校——南川三泉镇马嘴东州春蕾小学校，包括一半留守儿童在内的1300多个乡村孩子在这里快乐地学习、生活，教师们都配有笔记本电脑，有校车接送。而这一切是年近花甲的老校长梁隆超用一生的心血浇筑而成的。为了筹集学校改建经费，他带领一班人三下垫江，两到涪陵、丰都拜师学习黑木耳种植技术；为节约建校经费，他亲自组织材料修建“春蕾教学楼”；为了搞好校园绿化，他经常拖着有些肿胀的双腿，亲自到深山采集花木，通过自培自育，美化校园。在他20多年的校长生涯中，始终坚持以“家”的理念经营学校，热情奉献。他让“马嘴现象”被业界称道，他让“留守儿童之家”享誉千里之外，他让希望之声在中国西部山乡敲响。

三是献身于教育工作的职业理想。

为什么优秀教师能几十年如一日坚守教育岗位，潜心教书育人？是因为他们的职业理想是献身于教育工作的根本动力。重庆市黔江区白石乡玉岩村小教师刘红廷是“2007年感动重庆十大人物”之一，他的人生可以有很多个选择，但他选择了人民教师这个职业。他可以每天准时到坡下背患肺炎的学生上学，也可以将父母在外打工的受伤学生接到家里照顾。20多年来，他就这样执着地坚守着他的信念，“选择了，就要干一行爱一行，做了牛，就不要误了人家的春”，他用自己的全部身心去爱学生。

在我们身边，像刘红廷这样的教师有很多，他们长期坚守在边远贫困地区，创造出令人感动的成绩，这不是偶然的，也不可能出自什么冲动，而是源于他们献身于教育工作的职业理想。正是这种职业理想赋予了他们矢志不移，坚守教育岗位，战胜一切困难，努力实现自己人生目标的力量和勇气。增强教师的事业心，强化教师队伍的职业责任感，提高教师的工作积极性，成为当前进一步树立教师职业理想的重要内容。

四是辛勤耕耘，无私奉献。

献身于教育工作的职业理想，必然促使教师自身拥有高尚的道德品质、渊博的专业知识、高超的教学艺术以及良好的师生关系，坚持教育创新，深化教育改革，全面推进素质教育。所有这一切，就会集中地表现出教师无私奉献的工作态度和工作作风，呈现一种辛勤耕耘、无私奉献的高尚品德。肖冰波是太原市第五实验中学的一名语文老师，她勤勤恳恳、兢兢业业，经常加班加点，始终保持旺盛的斗志和良好的精神状态。十多年来，身为班主任的她总是来得早、走得晚，风雨无阻，始终如一。她所带班级管理到位、全面发展，在学校屡屡获奖。在高中语文教学中，为了提升矿区学生语文素养及水平，优化学生高考语文成绩，她全面了解学生和教材特点，积极学习先进的教育教学理论，研究高考趋向及新课程标准，认真、用心地备好每一节课。三尺讲台虽不大，但教师的责任重大，她认为站在这个岗位，就得对得起这个岗位，就得对学生的现在和未来的发展负责，因此她辛勤耕耘、无私奉献。

二、爱岗敬业的实质

爱岗敬业要体现教师的职业，就是教师的专业，就是教书育人的事业。师德的实质就是教育事业，即教书育人的“业”字。正如《中华人民共和国教师法》所指出的，“教师是履行教育教学职责的专业人员，承担教书育人，培养社会主义事业建设者和接班人，提高民族素质的使命。教师应当忠诚于人民的教育事业”。教师必须热爱自己的教育事业，有立志献身于教育事业的崇高理想。师德体现的正是对教育事业的认同、情感、态度和奉献的行动。

卢梭说：“只有一门学科是必须要教给孩子的，这门学科就是做人的天职……我宁愿把拥有这种知识的老师称为导师而不是教师，他的工作是指导孩子怎么样做人。”教书育人的出发点是培养人才。教书育人是指教师在传授科学文化知识的同时，培养学生良好的思想道德，也就是说，教师通过教书，培养德、智、体、美、劳全面发展的人才，使其成为社会主义事业的建设者和接班人。教书育人，是我国优良的教育传统，韩愈在其《师说》中强调的“传道、授业、解惑”，意指教书与育人的统一。当好教师，固然要教好书，但应该把育人，即教学生做人放在首位，这是师德的一项重要任务，因为教师只有切切实实担负起既教书又育人的双重职责，他们才能尽职尽责，积极奉献；他们才能学做经师，争当人师。

迄今拥有156年历史的上海中学（建于1865年）的校长和老师们自始至终把爱岗敬业放在心中，把培养人才放在首位。这个学校要求学生确立远大的目标，在思想上灌输一流的意识、时代的意识、国际的意识，使学生具有爱国心、责任心、适应性和创造性，最终成为各行各业优秀的人才。它在中华人民共和国成立以前对学生的要求是“德、智、群、体、美”，中华人民共和国成立以后，它贯彻的是“明、严、实、高”的校风，带动了“严谨、创新”的教风和“严实、奋进”的学风，形成了“精研、勤学、团结、进步”的优良传统和学校精神。每个学生进入这个学校以后都要寄宿，严格按照学校要求的德、智、群、体、美五个方面努力上进，全面发展。正因为这个学校的精神，特别是教师的师德，上海中学的毕业生中，现在已经有100多位担任副部级以上职务的干部，有100多位大学的校长，有近60位院士、30多位将军。可见重点学校，特别是具有悠久历史的重点学校，在社会文化传播和文明建设中，尤其是在师德建设中有着不可估量的影响，它们普遍具有一定的传统特色，为我国的学校建设提供了宝贵的经验。

教师要尽职尽责，在教育教学活动中，表现为认真备课、上课，不敷衍塞责，不让一个学生掉队；也表现为对学生的热情关怀，对教育教学工作的深入研究、科学设计与有效实践；更表现为在细节上下功夫，如：认真研究每一个知识点以及它对学生发展的意义，遵守校规校纪，能够很快叫出每一个学生的名字，知道他们的爱好和特长，等等。

教师要积极奉献，始终将教育教学工作放在首位，不计较个人得失，要有一种“春蚕到死丝方尽，蜡炬成灰泪始干”

的态度，默默地奉献，把毕生献给伟大的教育事业。泰戈尔曾说："花的事业是尊贵的，果实的事业是甜美的，让我们做叶的事业吧，因为叶的事业是平凡而谦逊的。"教师就像是那默默奉献的绿叶，时时刻刻衬托着花的娇艳。因此，教师这一职业虽然平凡而普通，但有一种默默无闻的奉献精神：甘为人梯、淡泊名利。

教师的教书育人、爱岗敬业精神在大多数情况下不是通过大是大非问题的处理来体现，而往往是在小事上尽显风格，于细微处洞见精神。教师在具体细致甚至琐碎繁杂的事务上的工作态度、工作方式，可以更全面、更深刻地反映其是否敬业，是否热爱自己的本职工作。

西藏自治区拉萨中学教师李在良是爱岗敬业精神的忠实践行者，他以自己高尚的师德、严谨的态度和扎实的作风，在平凡的岗位上，做出了不平凡的业绩。"奉献第一，教育第一，学生第一，教育工作无小事"一直都是李在良奉行的人生信条。在西藏工作十年，对于组织上分配的工作，李在良从不挑肥拣瘦，做事尽心尽力。尽管工作中头绪多、难度大，但他从没有缺过一节课、误过一件事，许多时候他忙得顾不上吃一口饭、喝一口水。在雪域高原的大地上，李在良用自己的青春和汗水，谱写了一曲曲教书育人的动人乐章。

爱岗敬业是师德的基本要求，更是最起码、最普遍的奉献精神。每一位人民教师都必须对教育事业具有强烈的责任感和使命感，在自己的工作岗位上认真负责，尽心尽力，遵守职业道德。只有每位教师都具备这种无私的奉献精神，我们的教育事业才会更加蓬勃地发展，国家才会拥有越来越多的教育人才。爱因斯坦说：“人只有献身社会，才能找出那实际上是短暂而有风险的生命的意义。”教师的劳动是平凡的，教师岗位没有令人羡慕的地位和权力，也没有显赫一时的名声和财富，更没有悠闲自在的舒适和安逸。但在平凡中却孕育着伟大，因为伟大往往出自平凡，没有平凡的爱岗敬业，就没有伟大的奉献。所以说，爱岗敬业是每个人都可以而且应该做到的平凡的奉献精神，爱岗敬业又是伟大的奉献精神。

一个好的教师意味着什么？首先意味着他把“教书育人”当作一种乐趣，相信每个学生都能通过教育的各种途径成为人才。新疆生产建设兵团喀什农三师中学高级教师柳长剑，多年以来他以校为家，以人为本，自始至终把自己的一切奉献给教育事业。他要求全体教职工进一步树立“教书育人”的意识，以身立教，创设良好的教育氛围。他通过家长委员会，建立家校联系制度，及时反馈学生在家、在校情况。多年来他还一次又一次地主动找经查实有不良行为的青少年学生谈话，本着尊重学生的人格的精神，正确引导、耐心教育，使这些学生逐步走上正道。

三、怎样爱岗敬业

爱岗敬业既是教师坚持为人民服务的宗旨，也是所有教师实现自我价值、获得个人满足的有效途径。在实际工作中，教师只有爱岗敬业，才能积极面对自身的社会责任和义务，不断完善自我，正确处理各种社会关系和化解各种冲突与矛盾，才能对教育事业尽心竭力，在工作岗位上发光发热，把全部心血奉献给所从事的教育事业。所以说，作为一名人民教师应把“爱岗敬业铸师魂”作为加强师德修养的一个重要内容，不断提高自身素质，才能适应时代需要，完成教书育人的重任。作为师业，爱岗敬业突出四个特点：敬业意识、乐业意识、职业规范意识、勤业意识。怎样才能做到爱岗敬业呢？正是从这四种意识入手。

首先，我们要有敬业意识。

中华民族历来有“忠于职守”“敬业乐群”的优良传统。梁启超在《敬业与乐业》一文中说“敬字为古圣贤教人做人最简易、直捷的法门，可惜被后来有些人说得太精微，倒变得不适实用了。惟有朱子解得最好，他说：‘主一无适便是敬。’用现在的话讲，凡做一件事，便忠于一件事，将全副精力集中到这事上头，一点不旁骛，便是敬。”他还说：“怎样才能把一种劳作做到圆满呢？惟一的秘诀就是忠实，忠实从心理上发出来的便是敬。”敬业，就是要对教育事业心存敬重，尽职尽责。敬业精神自古有之，中国古代思想家也非常提倡敬业精神，孔子称之为“事思敬”“执事敬”，对待事业要有敬重的态度。敬业，就是要敬重自己的事业，专心致力于事业，千方百计将事情做好。教师的敬业，就是表现在“忠诚党的教育事业”，需要教师怀着敬业之心认真备课和批改作业，遵循教育教学规律，对教学内容和方法进行创新性探索和研究，要安于本职工作，在教学实践活动中坚守岗位，尽心竭力。无论遇到什么困难，都要锲而不舍，出色地完成本职工作，坚决抵制“在岗不爱岗”的心态。

贵州省三都水族自治县羊福乡民族学校教师陆永康，坚持“跪教”36年，在贫困、边远的少数民族山乡尽职尽责、无怨无悔。他在出生9个月时，因患小儿麻痹症，下肢萎缩瘫痪，从此以膝跪着行走。20岁时，他成为三都县羊福乡孔荣小学的一名民办教师，从此在大山深处开始了漫长的“跪教”育人生涯。他用木板、篮球皮、废旧轮胎、铁丝等自制了一双重达两公斤的“船鞋”，套在双膝上上课、家访，别人用一个小时走完的路程，他要用四个多小时。他所教班级的教学质量名列全乡前列，他多次被省、县评为“优秀教师”“优秀德育工作者”。陆老师日复一日，年复一年，“跪”村串寨，他用跪着的双膝支撑起了家乡人民对教育的信念，用坚忍不拔的毅力点燃了大山里学生的希望。

其次，我们要有乐业意识。

乐业，主要体现在对待本职工作的态度上，就是要以正确、积极的态度对待自己的本职工作，努力培养热爱自己所从事的工作的自豪感、荣誉感。梁启超说：“须知苦乐全在主观的心，不在客观的事。”“凡职业都是有趣味的，只要你肯继续做下去，趣味自然会发生。为什么呢？第一，因为凡一件职业，总有许多层累、曲折，倘能身入其中，看它变化、进展的状态，最为亲切有味。第二，因为每一职业之成就，离不了奋斗；一步一步的奋斗前去，从刻苦中将快乐的分量加增。第三，职业的性质，常常要和同业的人比较骈进，好像赛球一般，因竞胜而得快乐。第四，专心做一职业时，把许多游思、妄想杜绝了，省却无限烦闷。孔子说‘知之者不如好之者，好之者不如乐之者’。人生能从自己职业中领略出趣味，生活才有价值。”人不能“爱哪行，才干哪行”，要树立“干一行，爱一行”的思想。乐业就是要求教师对教育工作充满热情，热爱教育，热爱学生，把教师职业作为一种人生的享受与精神乐趣。只有乐业，才能有崇高的事业心和高度的责任感，才能以勤勤恳恳、严谨治学的态度去感染学生；只有乐业，才能切实履行党和人民赋予的教书育人的神圣职责，当好人类灵魂的工程师，办好人民满意的教育。

河北省滦平县长山峪镇中心校的爱岗敬业模范赵维树，认为教师的教书育人工作是无上光荣和神圣的。他认为教师的生活虽然清贫，但理想和追求是富有的，看到孩子们健康成长、快乐学习，他再苦、再穷也不后悔。作为班主任，他不仅要对全班同学负责，关爱他们的学习、生活，而且他深知要教好学生，光有满腔热情是不够的，还要有过硬的业务素质。三十多年来，他积极参加校本教研，虚心学习别人的教学经验，勇于创新，改革教法，使自己的业务水平不断提升，从而更好地为学生们组织教学。

再次，我们要有职业规范意识。

职业规范意识的外延包括较广，其中教师的仪表、仪容是教师职业规范的一个重要组成部分，是教师个人素质修养的重要体现，是沟通学生心灵的桥梁，并保证教师在学生中的崇高威信，以提高教学质量，因此，教师的仪表、仪容和风度本身就是教育内容。孔子曰：“见人不可以不饰，不饰无貌，无貌不敬，不敬无礼，无礼不立。”在《中小学教师职业道德规范》（2008年修订）中就已明确指出：教师应“衣着得体”。教师的仪表仪容要求体现教师职业的特殊性，既不能像军人那样威严，也不能像演员那样多变，而应该自然纯真，情趣高雅；适合时宜，表现个性；举止大方，情态谦和；姿势规范，谈吐得体。学生总是把教师当作榜样来学习、模仿，教师的一言一行、一举一动都会给学生留下深刻而难忘的印象，因此，教师要严格按照教师职业规范要求自己，注重仪表仪容，随时随地都应向学生展现端庄的仪表，整洁大方的形象。

武昌理工学院商学院的夏华丽老师上课时精神饱满，给人气质良好的感觉，课堂上能感觉到学生对老师的尊重，这与夏老师的着装、举止、谈吐等方面的吸引力也不无关系。她认为教师应特别注重自己的行为习惯，不能不修边幅、教态不端、举止不雅等。在此基础上，才谈得上完成教学工作，让学生掌握教学内容。

最后，我们要有勤业意识。

勤业，是爱岗敬业的关键外化。广大人民教师要做到爱岗敬业，就应该以勤为本。这“勤”，主要是指工作勤奋，一心一意忙工作，但必须忙在点子上，为此，我对勤业意识做了四点补充。一是能勤于学习。古人云：“非学无以广才，非志无以成学。”要教书，先读书。要搞好教育教学，教师必须要对学习的重要性有明确的认识，切实增强自身学习的紧迫感和自觉性，充分利用业余时间抓好学习，学习先进的教育理念和其他优秀教师的经验，丰富自己的教育思想，提高自身的业务能力。如果每位教师以初学者的心态来过每一天，自然会日日新、日日进了。二是能勤于思考。孔子曰：“学而不思则罔，思而不学则殆。”哈佛大学迈克尔·桑德尔教授在其课程“公正：该如何做是好”的结束语中告诉大家：学习的本质，不在于记住哪些知识，而在于它触发了你的思考。而米兰·昆德拉在《智慧是什么》一文中也说：“现代的傻不是意味着无知，而是对既成思想的不思考。”是的，不思考的学习不是真正的学习，而对既成思想不思考的教师自然就不是聪明的老师，一个不聪明的老师是很难教出聪明学生的吧？我们应该在教育教学实践中，结合自身实际的教育教学情况及时进行反思，总结经验教训，找到不足和改进的办法，优化教学质量，才能有效促进自身发展。三是能勤于发问。平时在工作中遇到问题是在所难免的，我们应该虚心地向其他经验丰富的教师请教和讨论，从中获得一些对自己有价值的知识和经验，进行反思和归纳，实现自身业务水平的全面提升。四是能勤于总结。善于总结、勤于总结，本身就是能力素质的良好展现。作为爱岗敬业的教育工作者，我们应该要求自己在实践中总结，在总结中提高。

我们的时代就是一个爱岗敬业的时代，在我们身边，不乏爱岗敬业的优秀教师。我国西部山区的农村教师群体，他们不计个人得失，献身教育，克服条件艰苦、环境恶劣的种种困难，既教书又育人，为大山捧出了一只又一只的“金凤凰”。教师是人类灵魂的工程师，是青少年学生健康成长的引路人。我们的职业道德修养直接关系到青少年学生灵魂的塑造，关系到国家的前途和民族的未来。教育之本在于育人，育人之本在于育德。爱岗敬业是一个永恒的主题，在倡导师德修养、振兴教育的今天，希望每个教育工作者都能不断加强自身的师德修养，让自己成为具有爱岗敬业精神的人，把自己锤炼成“一个高尚的人，一个纯粹的人，一个有道德的人，一个脱离了低级趣味的人，一个有益于人民的人”。我们只有在职业生涯中不断地反思、提高和升华，才能使自己成为一名人民满意的合格教师。在爱岗敬业精神的鼓舞下，教师队伍一定会更加坚强有力，教育事业必将会蓬勃发展。

图6　2004年，作者接受中宣部、教育部表彰后在人民大会堂作师德报告

第五讲

讲师爱，无私大爱最神圣

我国历代教育家都从孔子的最高道德原则、道德标准和道德境界“仁”字出发，把关爱学生或师爱作为师德的首要因素。没有爱就没有教育。如果我们把师德视为教师的灵魂或“师魂”，那么，我则把师爱称为“师魂之魂”，即“魂中之魂”。

托尔斯泰说过：如果教师热爱自己的事业的话，那他就会成为一个优秀的教师；如果教师像父母那样爱学生的话，那他就会比那些虽然读万卷书而不爱事业也不爱学生的教师好得多；如果教师能够把爱事业和爱学生结合起来的话，那他就是一个完美的教师了。

师爱既是教师的一种情感，又是教师的一种美德，也是教师的一种奉献。师爱的主体是教师，教师应该是爱的使者；师爱的场所在学校，学校应该是爱的摇篮；师爱的对象是学生，学生应该在教师的关爱中成长。

关爱学生的内容十分广泛，包括关心学生，了解学生；尊重学生，信任学生；爱护学生，保护学生；循循善诱，教导学生；等等。关爱学生的形式可概括为两种：既表现在爱在细微中，又表现在爱在生死时，换句话说，师爱既表现在日常的教育场合，又表现在关键的生死关头。正如一位诗人描述的那样：

真情兮！煦煦春风胜母爱，

师魂兮！浩荡日月齐放彩。[①]

一、爱在细微中

师爱体现在日常的教育、教学和生活中，要关爱每一名学生，关心每一名学生的成长进步，以真情、真心、真诚教育和影响学生，努力成为学生的良师益友，成为学生健康成长的指导者和引路人。

2004年底，中宣部和教育部表彰霍懋征等5位教师为“师德模范”，我是其中唯一的高校教师。我们成立报告团在全国各地演讲，我从中选出5个“爱在细微中”的片段。

（一）爱在细微中之霍懋征

被周恩来总理誉为“国宝”的北京第二实验小学的霍懋征老师，是“爱的教育”的早期倡导者和实践者。她说：“我们一代一代的教师所面对的是一代一代的孩子。教师必须把真诚的爱施于每个孩子、每个学生。教师的爱是真爱。这种爱的程度和效果，不仅直接影响着眼前的教育教学质量，而且必然会从多方面影响着国家和民族的未来。”她一直认为：没有教不好的学生，只有不会教的老师。北京第二实验小学是一

① 范淑娟.心与心的交流——寄语关心青少年的朋友[M].北京：航空工业出版社，1997：174.

所高干子女和普通市民子女兼收的学校，霍老师对所有的学生都一视同仁，有教无类，绝无偏向和歧视。

在日常的教育中，她以不同方式向不同类型的学生表达了师爱。一位20世纪60年代毕业、当年的学生班长回忆："我当了好几年班长，霍老师好像从来没有当众表扬过我，对我、对我们班干部的表扬几乎都来自同学，霍老师只是不断地帮我们出主意，为我们指点努力的方向。霍老师常说：'你们是为同学们工作的，只有同学们说你们好，才是真好。'"霍懋征老师的爱，更多地倾注在那些"问题学生"身上，还有那些贫困的、需要更多帮助的学生身上。就这样，有些被学校称作"害群之马"的学生变成了一匹匹骏马。有的学生病了，她带着他们去看病求医，给他们买药、送饭；有的学生的家庭经济困难，在学校吃不起午饭，她就自己掏钱为他们买午餐。有个学生踢足球，为了省鞋，总是光脚上场，她看在眼里，在比赛前夕，霍老师特意为他买来了短裤、球鞋。有个学生的父母因公调外地工作，家里没有人照顾他，她就把这个孩子接到自己家食宿，等到孩子的父母再调回北京时，孩子已经上初中了。

在20世纪60年代的"困难时期"，她节衣缩食，资助每一个失去父母的学生。霍懋征老师不仅是班主任老师，她几乎成了每个学生的家长。一位老毕业生作诗道："你、我、他，我们大家，每个人都有两个妈妈。一个是亲生母，另一个就是她，我们的霍老师，我们敬爱的霍妈妈！"

（二）爱在细微中之黄静华

上海市中学语文特级教师黄静华，她教育的出发点和座右铭是“假如我是孩子”“假如是我的孩子”。“假如我是孩子”，这样的情感体验使她对学生少了苛求，多了宽容，以“教育爱”努力创设宽松和谐、积极向上的氛围，乃至改变以往的评价体系，不以单纯的分数为评价学生的指标，而以学生的全面发展为目标，增强学生的自信。好几位因为各种原因而成绩开“红灯”的留级生，在她的鼓励下，重新获得了自信，人格、品德获得了健康的发展。留级生小孙来到她所带班级的时候，留着小分头，穿着花牛仔喇叭裤，脚蹬时髦皮鞋，一副“时尚青年”的派头。黄静华老师不但没有歧视他，反而让他在老师对他的信任、尊重中找到自己在班级中的位置。别的同学有了难处，黄静华老师把解难的担子压给他；班级工作遇上了困难，黄静华老师请他一起出主意。信任唤起了责任，半年后，小孙郑重地递交了一份入团申请书。有这种情况的学生又何止一个，有学生在周记中写道：“在大人的眼里，我也许是个‘朽木不可雕也’的坏孩子，然而，黄老师却用她那无微不至的关怀重新塑造了我。”

黄静华老师时时以“假如是我的孩子”的情感去体会孩子的内心世界，以童心去理解他们的“荒唐”，用爱心去宽容他们的“过失”，真诚地对待他们。一次，小钱没有按照规定交上彩图作业本，经了解，原来小钱痛失双亲，依靠年迈多病的爷爷每月仅 56 元的退休金过日子，为省钱给爷爷治病，他连2元钱一盒的彩笔也买不起。黄静华老师在送给他彩笔的同时，再次提醒自己："无论对待哪个学生，都应该首先想到的是：假如是我的孩子！"于是，黄静华老师悄悄垫上父母下岗了的小女孩的牛奶费和秋游费用；为爱好科幻的小男孩订阅《奥秘》《飞碟探索》；让缺少母爱的孩子在她家中感受到家庭的温馨；还会在网上"巧遇"沉迷于网吧聊天的孩子，和其讨论该如何健康上网……

（三）爱在细微中之邹有云

江西省永修县柘林镇黄岭村小学太阳山教学点有位教师叫邹有云。在太阳山，邹有云老师一人一校，既是老师，又是校长；既像保姆，又是炊事员，外兼维修工。他精心组织复式教学，一个人要教四个年级的全部课程。他还说服妻子周泽香，请她来帮助自己打点学校事务，照顾学生饮食。从此，夫妻俩帮蓬头垢面的山里娃们剪指甲、梳头，为他们洗脸、洗手，还不断地告诉他们要讲卫生，爱整洁。就在这日久天长的唠叨中，孩子们的衣服干净了，手上的泥巴不见了；回到家里，看到大人的不良生活习惯，也开始作"斗争"了。

从前，这里的民风强悍，常常是小孩打架大人助阵："哪个打你，你就打他。"邹有云老师总是耐心地为他们讲为人处世之道，一次次调解纠纷。经过邹有云老师的耐心教育，孩子转变了，村民们也心服口服："读书人，懂得就是多，办法就是灵。"

夫妻俩辛辛苦苦地教育着几十个孩子，所得的报酬十分微薄，但邹有云老师仍然执着地坚守着太阳山，因为他明白，自己这朵云，已经和太阳山融为一体，他走不开，也不想走。回乡的老朋友、老同学常常这样问他：“有云啊，你这样辛辛苦苦大半辈子，到底图个啥呀？真不如和我们一道到外地去打工！”邹有云老师朴实地说：“要说图个啥，就图乡亲们说我是个好人，学生们说我是个好老师。”

（四）爱在细微中之盘振玉

湖南省郴州市苏仙区塘溪乡五马垅村小学有位教师叫盘振玉。瑶山贫穷落后，很多家长不愿送孩子上学，为了不让一个孩子辍学，盘振玉老师就挨家挨户上门劝说。许多个深夜，她还在为了劝学而爬行在崎岖的山路上……村里有一个智障孩子，父母不愿让他上学，盘振玉老师就说服孩子的父母，将孩子接到学校与自己一起吃住。经过她 4 年的启发和教育，不会开口讲话的孩子现在已可以写简单的短文了。多年来，在盘振玉老师的努力下，五马垅村适龄儿童入学率和学生巩固率均为 100%。

山区居住分散，上学路远，部分学生需要在校住宿。他们中大的 10 岁，小的只有 5 岁。为了照顾他们，盘振玉老师既当老师又当妈。除上课、备课、辅导学生外，她还要为学生做饭、烧水、洗衣服。5 岁的学生黄义松生病拉肚子，把被子和棉衣裤全弄脏了。盘振玉老师烧水给他洗澡，并让他睡在自己的床上。五马垅小学位于山顶，校舍瓦面常被大风掀开。每遇狂风暴雨，盘振玉老师自己不敢睡觉，她搂着胆小的学生，再用被子裹着身子坐在床上守护着学生，有时甚至坐个通宵。为了学生的身体健康，盘振玉老师自学了许多医疗知识。她办公室的柜子里摆放着各种常用药。学生的小伤小病她几乎能应付自如。区里有位领导主动提出要她改行去乡政府工作，她婉言谢绝了。她说："像我这样既懂得瑶语又懂得汉语的教师不多，我走了，孩子们的口语学习怎么办？为了这些孩子，我愿一辈子与大山厮守。"

（五）爱在细微中之我

至于我自己，仅仅举一个小例子。1994 年，佐治亚大学的一位教授邀请我偕夫人去美国讲学，并且提供往返机票和一笔相当可观的课酬。我在表示感谢的同时，希望用这笔经费来资助我的博士生出国深造。那位美国教授临走时说了几句肺腑之言："有孔子思想的中国老师，这样关爱学生，我深为感动，我回国后必须办成此事，若办不成，也对不起这样的中国老师。"

爱在细微中不是一件容易的事情。某直辖市一些研究人员曾在某天集中 100 位中小学教师做一个问卷调查，将对学生的爱划分为"非常爱、爱、一般、不太爱、不爱"五个等级。第二天又对这 100 位老师所教的 4000 多名学生做了"他们感受到的爱"的调查，结果却大不相同（如图 7 所示）。

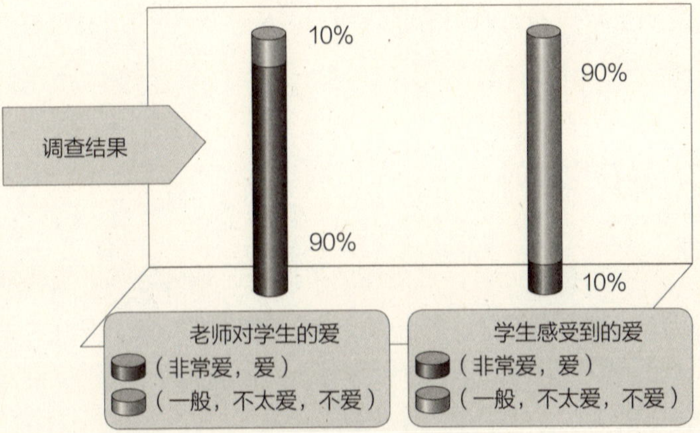

图7 “他们感受到的爱”调查

上述这项有关师爱的调查，说明“爱在细微中”的艰难。《中国教师报》于2012年3月刊登了一个个案。某老师连续几年带高三毕业班，任班主任，班级成绩非常好，2011年3月所在的市抽考物理单科第一名花落他们班。作为物理老师兼班主任，他心中充满着成就感。然而在市里向部分学校学生调查“谁是最受欢迎的老师”的问卷中，这位老师却差一点被学生评为最不受欢迎的老师。该老师为此感到郁闷、委屈，觉得学生不懂事。但他总结教训，自己之所以不被学生喜欢，是因为他没有关注学生的感受，如“学生快乐吗”等感受。

《中国教师报》关于“学生喜欢什么样的老师”的调查结果也验证了上述该老师的总结。尊重、公正、关心、真诚、爱护、负责任、信任、微笑、激情、风趣幽默、知识广博、懂我和以身作则等词成为学生喜欢的老师的关键词，而很少有学生提及老师的教学成绩和升学率等指标。而这些关键词正是反映了教师的人格和伦理精神。正是这些人格和伦理精神，才使学生充分感受到师爱。

二、爱在生死时

所谓爱在生死时，是指在危机时刻，教师能不顾自身安危，挺身而出保护学生的生命安全，拥有“把生献给学生，把死留给自己”的崇高境界。佳木斯“最美女教师”张丽莉就是这样一位在生死时刻体现师爱无疆的老师。

2012 年 5 月 8 日，佳木斯第十九中学教师张丽莉在组织学生放学时，原本停在路旁的客车突然猛地向学生们冲过来。此时张丽莉向前一扑，将车前一名吓傻的学生用力推到一边，自己却被无情的车轮碾到了下面，造成全身多处骨折，双腿高位截肢。张丽莉在生命垂危的时候，还惦记着她的学生。她昏迷多天后，醒来的第一句话是：“那几个孩子没事吧？”张丽莉说：“只有有爱心的教师，才能培养出有作为的学生。”在平日工作里，她时时刻刻都在用心诠释“师爱”这两个字的真谛，用自己诚挚的爱去温暖每一位学生。也正是这份师爱使她在千钧一发之时挺身而出，在事故之后坦然面对。

在 2008 年 5 月汶川大地震后，我主持了教育部重大攻关课题——“灾后中小学生心理疏导”。课题组深入灾区，在完成“心理疏导”课题任务的同时，也收集了数十位教师“爱在生死时”的可歌可泣的人物事迹，这里仅举两例。

（一）爱在生死时之苟晓超

2008 年 5 月 12 日，四川省通江县洪口镇永安坝村小学苟晓超老师像往常一样值守在教室里，看学生们午睡，他所教的二年级学生全都处在熟睡之中。突然间地动山摇，整栋教学楼都在晃动颤抖，苟老师脑海里瞬间闪现出“地震”这个可怕的念头，来不及多想，他几乎是出自本能地大喊：“同学们赶快跑！”同时跑到阳台上大声呼叫其他班的老师和学生。他所教的班级正好在教学楼三楼，大部分学生从酣睡之中被突然惊醒后，都迷迷糊糊，不知所措。苟老师一边喊“快跑，危险，快，快……”一边迅速抱起一名学生往楼下冲，到了楼下，他连一口气都来不及喘，返身冲上三楼，又抱起两名学生往楼下冲。当他再一次冲到三楼抱起两名学生冲至底楼时，顶楼轰然倒塌，两名学生得救了，然而苟老师却被垮塌的混凝土和砖块砸断双腿，胸部也受到重伤，倒在了血泊之中。其他老师和赶来的村民立即展开救援，在搬他身上的砖块和混凝土时，苟老师断断续续地说：“我……恐怕……不行了，快……快……救学生。”他艰难地用手指着顶楼说，“上面……还……还有学生……还有……”苟晓超老师因救学生而不幸遇难了。

（二）爱在生死时之谭国强

四川汶川映秀小学校长谭国强从 1989 年开始在映秀小学工作，生命中精力最旺盛的 22 年都奉献在这里。“5·12”大地震时，眼看着六层教学楼顷刻间栽倒在地、灰尘四起，谭校长像孩子一样瘫坐在地上拍着大腿撕心裂肺地哭：“我的孩子们，我的孩子们！”随即，谭校长带领老师们开始了救援。中间民警来提醒过，上游形成多处堰塞湖，映秀小学随时可能被淹没。部分家长撤离了，但是老师一个也没有离开，与坚持下来的家长一起硬是靠人工从教学楼顶部打开了一条很小的生命通道，成功救出 30 多名被困的孩子。在 5 月 14 日下午专业救援队到来之前，谭校长带领着幸存的老师和家长用双手刨出了 50 名学生。短短几天，仅仅 48 岁的谭校长白了头。谭校长的爱人、儿子却不幸被埋在这所学校。

从地震后一夜白头，到今天废寝忘食地工作，没人说得清，没人知道谭国强这些年是怎么过来的。新校启用后，谭校长热情地介绍新学校的坚固和美丽，历数这三年辗转复课的艰辛和执着。但问题稍一触及学校旧址，他便断然拒绝：“我跟老师和同学有个约定，不再提过去，只谈未来。”在谭校长的带领下，映秀小学学生的生活过得一年比一年好（图 8）。

图8　在教师们浓浓师爱的关怀下，孩子们才能笑得如此幸福！
（图为作者课题组于2010年10月摄于四川汶川）

我坚信中国的教师在生死关头都能表现出浓浓的师爱，“爱在生死时”，即“把生献给学生，把死留给自己”的师爱的行为。无论是爱在细微中还是爱在生死时，都是伟大的、值得我们推崇的师爱。我把师爱看作师德的中心，看作上述师德的灵魂，因此，称它为“师魂之魂”。

三、师爱的性质

《中小学教师职业道德规范》（2008年修订）规定教师“关爱学生”的内容是：“关心爱护全体学生，尊重学生人格，平等公正对待学生。对学生严慈相济，做学生良师益友。保护学生安全，关心学生健康，维护学生权益。不讽刺、挖苦、歧视学生，不体罚或变相体罚学生。”《高等学校教师职业道德规范》规定教师“敬业爱生”的内容是：“忠诚人民教育事业，树立崇高职业理想，以人才培养、科学研究、社会服务和文化传承创新为己任。恪尽职守，甘于奉献。终身学习，刻苦钻研。真心关爱学生，严格要求学生，公正对待学生，做学生良师益友。不得损害学生和学校的合法权益。”

我国台湾教育家高震东先生在论述师爱的性质时说：“爱自己的孩子是人，爱别人的孩子是神。”他的教育著作在大陆出版，命我为他作序。我在序言中写道：“爱自己的孩子是本能，爱别人的孩子是神圣！”老母鸡护小鸡是本能；从不咬人的母狗，当小狗遇到危险的时候也要扑上去咬几口，出自保护自己后代的本能；人类亲子关系，尽管有着社会性，但骨肉之情、血缘之爱难免也有着生物本能之特色。唯有教师，哺育着无以回报的孩子成长，捍卫着没有血缘的学生的灵魂主权，这种无私付出的爱，才是世上最伟大的。

2020年12月11日，中共中央宣传部授予云南省丽江华坪女子高级中学校长张桂梅“时代楷模”称号。63岁的张桂梅扎根边疆教育一线40余年，用爱创造了大山里的“教育奇迹”。

早在2002年，作为一名普通山区教师的张桂梅，就立下了“建一所免费女子高中”的誓言。为了建起这所学校，张桂梅四处筹款，并一次次翻山越岭、挨家挨户做工作，让贫困家庭的女孩走进学校。2008年建校之初，华坪女子高级中学只有一座教学楼和100多名来自深度贫困县的女孩子们，她们文化课基础很差，有的数学才考6分。面对这样的学生基础和办学条件，张桂梅却坚定表示：3年后必须让全部学生考上大学！有人说这是天方夜谭，张桂梅听了立马黑了脸说：不行，党和人民把孩子交给了我们，我们就要对她们负责。如果让她们只是混个高中毕业证，办女高就失去了意义。为完成这一看似不可能的任务，大家都拼尽全力：老师们每天跟学生一起，早上5点多起床，夜里12点休息；学生的学习与生活经过严格管理。到了放榜那一天，老师和学生们看着成绩哇哇大哭，华坪女子高级中学第一届参加高考的96名学生，全部考上大学！

在之后的岁月里，张桂梅和全校老师们继续坚守、拼搏，至2020年已帮助1804名濒临辍学的贫困女孩走出大山，走进大学。这样的奇迹背后，是张桂梅这位坚定的共产党员的为师之爱，是不计回报、倾其所有，甚至不顾生死的付出。2021年6月29日，张桂梅获颁授“七一勋章”。

由此可见，师爱的性质是：师爱是一种只讲付出不计回报的、无私的、广泛的且没有血缘的爱，一种严慈相济的爱，一视同仁的爱。

师爱以神圣无私为特点。我曾在霍懋征老师教育思想研讨会上，当着几百位与会者对我们北师大1943年毕业的校友霍老师说，您一生热爱学生胜过您的孩子，但是将来为您养老送终的还是您的儿女。霍老师表示同意。我俩都谈到这种爱不同于父爱、母爱和情爱，它是不计回报的，无私而神圣的。霍老师的一生表明了师爱的无私、崇高且不计回报的事实，呈现给人们的是师爱——大爱无疆的特点。

师爱以尊重学生为出发点。有的中小学教师曾向我咨询：“我对学生‘爱’不起来怎么办？”我对他们说：“尊重，起码的人格尊重你能做到吗？不体罚或变相体罚，不挖苦、不讽刺学生，你总能做到吧！”我最不愿意听到那种对学生下武断的结论：“我把你一碗清水看到底——你好不了啦！”因为这种判断与尊重学生的要求相悖。不要忘了教育家陶行知先生的名言：“你的教鞭下有瓦特，你的冷眼里有牛顿，你的讥笑中有爱迪生。”从师德的角度来分析，尊重也是爱的别名。师生之间的人格是平等的，一时气话，不仅忽略了教师应有的期望值，而且造成对学生人格的伤害、师生关系的紧张。

师爱以严慈相济为手段。师爱是一种严慈相济的爱，

“爱”仅仅是师爱内涵的一半，另一半是“严”。严是为了爱，爱的前提是严。我的教育理念是“严在当严处，爱在细微中”。严与爱不是目的，而是手段，都是为了使学生成才。因此，坚持师爱必须把严慈相济作为教师日常工作中必不可缺的有效方法，并以此梳理出三点：第一，学生是人，是值得爱或尊重的人；第二，学生中绝大多数是未成年人（除大学本科生和研究生），应该按未成年人发展特征和规律进行严慈相济的教育；第三，学生是发展中的人，他们能长大、成熟、成才，发展性原则是我们教师工作的精髓。

师爱以一视同仁为原则。师爱具有广泛性，一视同仁、有教无类是师爱的根本原则。霍懋征老师的做法是“从不偏袒哪一种花，也从不放弃哪一棵苗”。我们爱不爱学生，并不是因为学生长得可爱与否，也不是因为学生学得好坏，又不是因为学生有无专长，更不是因为学生的家庭是当官的还是农民，等等。我们一视同仁地爱学生，让师爱像一股清清的流水，慢慢地去浸透并滋润着每个学生的心田。

师爱以学生成长或成才为目的。学生能否成才，这是检验师爱最好的标准。当然，我们对成才也应有个全面的分析。成才，决不能狭隘地指当什么官或什么家。“行行出状元”，学生在各自岗位上，在“德、识、勤、绩”上有良好表现，在自己部门做出成绩，对国家作出贡献，就是成才。因此，师爱应在学生“德、识、勤、绩”的成长和发展上下功夫。

正因为师爱有这样的性质，它才能产生积极的作用，使师生关系越发融洽，教育效果得到显著提高。

四、师爱的作用

师爱是教师教育学生的情感基础，学生一旦体会到这种感情，就会“亲其师”，从而“信其道”。正是在这种师爱的传递过程中，教育实现了其根本的树人功能。

从 20 世纪 80 年代中期到 90 年代初，我送到美国合作培养的博士研究生有 16 位。因为联合培养，有利于他们学术水平的提高，有利于他们更快地成为高素质创造性人才。送出去的这 16 位博士研究生，其中 15 位按时回国。当时，教育部有关司、处的领导都觉得非常奇怪，在当时三分之二以上的留学生都不能按时回国的情况下，我的学生回国率为什么那么高？我记得《中国教育报》还委托中国教育学会的一个处级干部随记者，到北师大来开了个关于我的归国学生的座谈会。她问:“你们为什么放弃国外优厚的待遇？换句话说，不管是学术上，还是生活上，你们放弃了这些优厚的待遇。你们回来了，为什么？”他们几位居然说是冲着我，冲着导师而回来的。他们还对调查者说:“你可以问问我们的林老师。”当时调查者非常奇怪，来问我。一看，我其貌不扬，也没有什么魅力。她问:“你怎么会让学生冲你而回来？”我回答:“对这个问题，我也说不清。深层的东西，我只能够做这样的表达:‘人心换人心，八两换半斤’，我对学生仅仅是做了一点‘感情投资’罢了。”我对“感情投资”的体会是老师对学生的感情投入，也就是师爱。这就是《中国教育报》的《他像一块磁铁》一文的来源。

不论是在中小学还是高校，师爱都会有这种效果。正是在这种感情投入的过程中，教育实现了它培养人的根本功能。当然，高校教师的师爱不同于中小学教师的师爱，同样的师爱对成年学生涉及的内容和表达方式就与基础教育中的情况存在很大的差异。我在 1976—1978 年，曾在十年一贯制学校主持学校里的教育教学工作。我到小学低年级去摸摸学生的头，学生会感到“啊，我们学校领导对我们是多么地爱”。这种做法并不适合于成年学生。本科生和研究生的经历和生活在人的一生中具有重要的意义，因此，高校教师，特别是导师，要处处关心学生走向人生成熟的问题，鼓励他们自主学习，指导他们如何热爱专业、迈向社会，以及怎样去准备建功立业。

不管是本科生，还是研究生，在他们的思想上、学习中和生活里，有不少的困惑和困难，教师要去关心他们，从他们的年龄特点出发加以关注。我对他们说：“论年龄，我是你们的父辈，我在内心把你们当成我的孩子，有什么困难，一定要告诉我。”对学生各种各样的问题，我都设法考虑到。

我对学生的关心绝不仅仅是在他们求学期间，即使他们毕业以后，我仍然全面关注他们的成长。我关心他们的“帽子”，为他们获得学位而努力创造条件；我关心他们的“位子”，为他们职务或职称的升迁介绍情况并积极推荐；我关心他们的“房子”，为解决留校学生的住房而四处奔波；我关心他们的“票子”，重视他们的经济情况和发展趋势；我关心他们的“内子”（妻子）或“外子”（丈夫），为他们配偶的调动而奔走；我关心他们的“孩子”，为解决他们子女的午餐问题去求助小学校长；我还关心他们的“台子”，也就是学科发展的平台，为他们所在单位的学科建设，特别是队伍建设出谋划策。这就是导师对学生的感情投资。

我的一名学生回国以后，曾经深情地对别人说：“林老师不是我父亲，但胜似父亲。”一名在日本工作的博士研究生对我说：“我每年要回国七八次，因为我的根在中国，母校和恩师是哺育这种根的土壤。”但我觉得我仅仅做了一点教师应该做的事情，离崇高的师德标准还差得很远。我们的教师，特别是大学教师对学生的师爱，更要提倡多一份民主，少一点“师道尊严”，尽管教师需要一些“师道尊严”。所以我对学生们有足够的尊重，给予每个学生必要的知情权、参与权和表达权，同时我更重视他们的自尊、自信、自立和自强品质的发展。

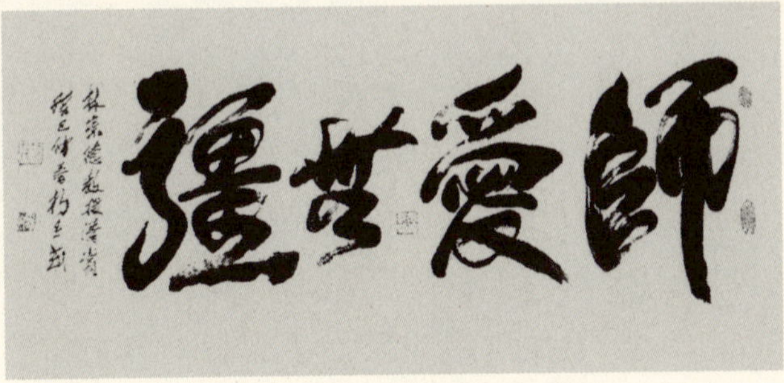

图9　师爱无疆

第六讲

有师能，严谨治学守规范

师能是教育事业要求教师的业务能力，它是顺利完成教书育人任务的保障。师能必须以扎实学识为前提。构建师能，需要教师坚持学习，严谨治学。《中小学教师职业道德规范》（1997 年）指出，“严谨治学”要求教师“树立优良学风，刻苦钻研业务，不断学习新知识，探索教育教学规律，改进教育教学方法，提高教育、教学和科研水平”。《高等学校教师职业道德规范》在谈及“严谨治学”时指出，高校教师要“弘扬科学精神，勇于探索，追求真理，修正错误，精益求精。实事求是，发扬民主，团结合作，协同创新。秉持学术良知，恪守学术规范。尊重他人劳动和学术成果，维护学术自由和学术尊严。诚实守信，力戒浮躁。坚决抵制学术失范和学术不端行为”。如果我们说“师德是教育的灵魂”，那么，作为师德组成要素之一的师能就是教育的手段，高尚的师德是提高师能的前提，精湛的师能又是践行师德的基础。两者是相辅相成、相互促进的。没有师德，师能就失去方向；仅讲师德，而没有师能，培养的人才往往缺乏本领。只要学习一下近几年全国教师教书育人楷模的事迹就能发现，这些模范教师不仅师德高尚，而且是严谨治学的教学、科研高手。师能在师德建设中的地位和作用可见一斑。

一、对教师师能的六点体会

练师能，是为了提高教师的能力，而提高教师能力的关键是严谨治学的精神和态度。中华民族传统文化中的师德观历来非常重视严谨治学。近代中国教育家认为教师应热爱科学、探求实现“明德”“至善”之道，立足改革，勇于创新。陶行知说：因材施教、循循善诱，首先是创造精神和开拓精神。如何更好地实施教育？要教育创新。所谓教育创新含义之一，即古人所云“温故而知新，可以为师矣”。所以说，教育创新是严谨治学的关键，是师德的要求之一。因此教师“要养成求真务实和严谨自律的治学态度，恪守学术道德，发扬优良学风”。为了培养高素质的人才，我们认为，教师应该对自己的学生有严格的要求。如果谈师爱师魂，我们在强调“爱在细微中”，那么这里则要重视“严在当严处”。教师对学生严格要求以培养人才，往往基于对自己严格要求。教师必须严格对待自己，特别注意严谨治学。

例如，全国劳动模范、全国十佳师德标兵孙维刚先生，于 1962 年从山东大学数学系毕业后分配到北京市第二十二中学当老师。他自 1980 年起，从初一接新生，教数学当班主任，直到高三毕业，六年一循环，到 1997 年夏天刚好完成三轮。其中 1991—1992 学年，孙老师在患膀胱癌 2 次住院 7 次手术期间，同时担任高三（4）、初一（1）两个班的班主任及数学老师。就这样，经过多年的锻炼，孙老师成为一位教育教学的能手。1996 年夏天，孙老师带完第三轮高二时，北京电视台的编辑告诉他，有一位学生家长反映，四年多以前孙老师给其孩子写过五封信，帮助其孩子转变：从爱闹不服管、严重违纪到逐步进步，后来考上北京大学物理系，入学一个月后成为系学生会的干部。这是因为在这五封信里，孙老师的教诲进入了他的心。

细细分析孙老师的做法，可归纳为以下四点：一是真诚地热爱学生，从不厌烦淘气、后进的学生；二是始终把德育放在首位、贯彻始终；三是以身作则，要求学生做到的，应是教师从心底追求，用行动实践的；四是渊与博，精益求精，教师要向全才方向努力，从教育内容到形式积极创新，对学生的一生负责。因此，他不仅是师爱师风的典范，而且成了数学特级教师、中国数学学会理事、国家数学奥林匹克首批高级教练、北京市首批突出贡献专家，他身在普通中学，然而他是教育教学的典型。他的学生上北大、清华的最多，在体育、艺术、英语和数学竞赛中获奖者也最多。2002 年他不幸逝世，有近万人为这位可敬可爱的人师送行。

对于教师的严谨治学，我们有如下六点体会。

一是教育质量直接取决于教师的业务水平。

随着学生年级的升高，尤其到高中或大学阶段，教师的声望或威信与教师的业务水平成正比，而学校的声望与威信本身正是取决于是否拥有一批有声望与威信的教师。教师的业务水平，无非是三点：一是课讲得漂亮，二是能教书育人，三是科研有成绩。因此，教师必须严谨治学，不仅要使自己拥有知识和技能，还要不断探索教育教学规律，改进教育教学方法。

二是业务水平，集中体现在创新上。

为了培养学生的创新精神与创造能力，教师要锻炼创新性和创造性。在优秀教师的身上，往往表现出一种不甘平庸、勇于探索、敢于创新的精神。要提高师德和业务能力，使工作做出成绩，必须靠勇于探索，不断开拓创新或创造。创新性或创造性来自环境，来自教师创新和创造的动机，也来自知识结构，因此，教师要不断更新知识结构。

三是创新的基础在于教师钻研业务。

有了知识，包括学习了新知识，就有了创新创造的材料，但材料要成为自己的创新性和创造性的知识结构，还需要进行加工。如何加工呢？靠教师刻苦钻研，靠严肃治学的态度，靠一丝不苟治学的精神。

四是创新教育需要教师引导学生不断养成质疑精神。

创造性人才需要质疑精神，需要经常提问。应该指出，能提出问题的学生越来越少，因此教师要下功夫创设情境，让学生质疑。有了教师的关爱和严谨治学探究问题的精神，学生才能产生提出问题的意识。教师应该从治学严谨性出发创设提出问题、解决问题的情境，让学生敢于提出问题，最终使学生产生创造性（或创新精神）。

五是教师的创新性或创造性来源于教育科学研究。

教师的创新性、创造性、开拓精神、开拓能力，除了来自知识修养之外，主要靠投入教育科学研究，包括参加教育改革的教育科学研究。因此教师提高自身科研水平十分重要。

在一定意义上，教师参加教科研是一条与时俱进、提高创新能力的路径。

六是教师需要树立终身学习的理念。

教师要崇尚科学精神，树立终身学习的理念，不断拓宽知识视野，更新知识结构。只有潜心钻研业务，勇于探索创新，才能克服教学工作中出现的困难，解决教学工作中的新问题，不断提高自己的专业素养和教育教学水平。

教书育人既是一门科学，也是一门艺术，一个教师不仅要教好书，而且要育好人。显然，育人质量不仅取决于教师的知识和能力水平，而且取决于教师对待日常教学工作的态度，它会直接或间接地影响教育的效果和质量。每一位教师只有保持严谨治学的精神和态度，才能培养出高质量的人才。

教师是知识的创造者和传播者，在当今社会条件下，随着时代的发展和新课程改革的不断深入，要成为合格的教育工作者，更需要具备过硬的教学素质和严谨的治学态度。所以广大教师要刻苦钻研，严谨笃学。在教育教学活动中，我们应该从教师的知识结构、课堂教学基本功、教育能力和科学研究能力四个方面恪守和践行严谨治学的精神，练好师能。

二、丰富教师的知识结构

曾任北大、清华教授的中国大儒陈寅恪就是令我们难以企及的师德楷模。他的记忆力超群，据说能背诵上万首唐诗，还能背诵十三经。他被称为“哈佛三杰”之一。能够过目成诵的吴宓教授称他是“全中国最博学之人”。通晓多国语言的季羡林先生说：“英文、德文、法文、俄文等，算是工具语言。梵文、巴利语、藏文、蒙文、西夏文、满文、新疆现代语言、新疆古代语言、伊朗古代语言、古希伯来语等，算是研究对象语言。”苏联学者曾发掘出三块突厥碑文，各国学者无人能识，陈寅恪却能够确切解释。难怪著名历史学家、古典文学研究专家傅斯年感叹：“陈先生的学问近三百年来一人而已。”

当然，这与他的职业理想有着很大的联系。如果陈寅恪没有对学问的热爱与投入，即使他有过目不忘的记忆力，也不过一路捡一路丢，根本不可能成为大家。自他祖父陈宝箴（被光绪称为“新政重臣”的改革者），到他的父亲陈三立（与谭嗣同、徐仁铸、陶菊存并称“维新四公子”），再到陈寅恪，对国家命运的关心已经成为血脉相承的优良传统。他视中国文化为立命之本和立国之本，希望以高水平的文化成就国家屹立于世界强国之林的地位。“吾侪所学关天意”，陈寅恪认为中国文化最重要的体现正是中国历史，于是他选择历史学为其毕生奋斗的领域。

陈寅恪在西方攻读十余载，最终带回的却是东方学。在外留学 16 年，在哈佛大学、柏林大学等欧美一流名校转一圈，且成就斐然，人人折服，得个博士学位易如反掌，但他却未曾拿一个学位，因为他对此不屑，他曾说：“考博士并不难，但两三年内被一专题束缚住，就没有时间学其他知识了。只要能学到知识，有无学位并不重要。”

“种花留与后来人”，他精于教学，让学生触类旁通。季羡林说：“他仿佛引导我们走在山阴道上，盘旋曲折，山重水复，柳暗花明，最终豁然开朗，把我们引上阳关大道。”陈寅恪经常对学生说的一句话是：“前人讲过的，我不讲；近人讲过的，我不讲；外国人讲过的，我不讲；我自己过去讲过的，也不讲。现在只讲未曾有人讲过的。”

晚年，他在双目失明、身体状况不佳的情况下“以超人的精神意志，坚持开两门课，似不特殊，实特殊也”。生活的困厄并没有摧毁陈寅恪的幽默感，上课时他妙言警句层出不穷。他曾经送给清华国学院学生一副对联：“南海圣人再传弟子，大清皇帝同学少年。”因为康有为是梁启超的老师，故国学院学生是“再传弟子”；王国维是溥仪的老师，故国学院学生与皇帝“同学少年”。学生听这样的老师讲课，敬佩之心便可想而知；他培养出的高智慧与高情商的人才有多少便可想而知。

陈先生的事迹说明：教师的知识是其从事教育工作的前提条件，教师的严谨治学首先表现在其有丰富的知识结构。教师是人类文化知识的创造者和传播者，这要求教师必须以积极的态度去正确对待知识和不断学习知识。马卡连柯说过：“学生可以原谅老师的严厉、刻板甚至吹毛求疵，但是不能原谅他的不学无术，如果不能完善地掌握自己的专业，就不能成为一个好老师。”捷克著名教育家夸美纽斯说：“不学无术的教师，消极地指导别人的人是没有躯体的人影，是无雨之云，无水之源，无光之灯，因而是空洞无物的。”从中我们可以看出，作为教育者的教师，他们的知识是其从事教育教学工作的根本基础。因此，教师的知识，是其所必须具备的重要的素质。

教师的知识不仅指教师所具备的科学文化知识及其掌握程度，而且反映了其在长期的教育教学工作中不断探索、总结出的一套行之有效的课堂情境知识和解题知识。对于教师的知识结构，不同的研究者有不同的研究角度或研究方式，因而，也就有不同的理解。从其功能出发，教师的知识可以分为四个方面的结构内容：本体性知识、文化知识、实践性知识和条件性知识，这四个方面知识共同构成教师的知识结构。

（一）本体性知识

教师的本体性知识是指教师所具有的特定的学科知识，如语文知识、数学知识等，这是人们所普遍熟知的一种教师知识。知识要有事业与职业的目的，一个人最佳的知识结构，主要是以自己所从事的职业与专业为基础。一位教师的职业知识首先是精通自己所教的学科，教师购买资料，也首先是自己所教学科的书籍。学生的年级越高，教师本体性知识的水平也要越来越高。这种本体性知识有如下四个要求：一是对学科知识的掌握有一定的深度和广度；二是既懂得本学科的历史，又掌握该学科的新进展；三是懂得与本学科相关的知识，例如有关学科的知识背景、实验知识、观察知识以及科学方法论方面的知识等；四是能把本学科知识变成自己的一种学科（学术）造诣，并能够清楚表达出来。教师扎实的、一丝不苟的本体性知识是取得良好教学效果的基本保证。

（二）文化知识

教师的工作，有点像蜜蜂酿蜜，需要博采众长。为了实现教育的文化功能，教师除了要有本体性知识以外，还要有广博的文化知识，这样才能把学生引向未来人生之路。在学校里，知识渊博的教师往往能赢得学生的信赖和爱戴。因为教师丰富的文化知识，不仅能扩展学生的精神世界，而且能激发他们的求知欲。学校的各门学科知识总是紧密联系的，俗话说，“文史不分家”“数理化是一体”，说的就是这个道理。社会发展到今天，我们更应该强调“文理交融”，提倡文科的老师懂理，理科的教师懂文，这也是教师严谨治学的表现，这样才能适应知识爆炸时代思想活跃、见多识广的学生的需要。学生的全面发展，在一定程度上取决于教师文化知识的广泛性和深刻性。

（三）实践性知识

教师的实践性知识是指教师在有目的的行为实现中所具有的课堂情境知识以及与之相关的知识，更具体地说，这种知识是教师教学经验的积累。教师的教学不同于研究人员的科研活动，具有明显的情境性，在教育教学工作中，很多情况下需要教师机智地对待。这种教育教学的机智不是一成不变的，在某种情况下适宜的和必要的方法，在另一种情况下可能就是不恰当的。只有针对学生的特点和当时的情境有分寸地开展工作，才能表现出教师的教育教学机智。在这些情境中，教师所采用的知识来自个人的教育教学实践，具有明显的经验性。而且，实践性知识受一个人经历的影响，这些经历包括个人的打算与目的以及人生经验的累积效应。所以这种知识的表达既包含着丰富的细节，以个体化的语言而存在，又表达了教师教学严肃、严谨的态度。

（四）条件性知识

教师的条件性知识是指教师所具有的教育学与心理学知识。这种知识是广大教师所普遍缺乏的，也是我们在教改实验中所特别强调的。条件性知识是一个教师成功教学的重要保障，条件性知识具体分为三个方面，即学生身心发展的知识、教与学的知识和学生成绩评价的知识。随着信息时代知识的迅速发展，学生获得知识的渠道变多了，尤其是获得新知识的可能性也变多了，教师这“一桶水”，不是“死水”，而是取之不绝的“活水”，给学生的也是长流不息的“新水”。因此要注重研究和更新教师知识的性质、范式、组织和内容。教师应该把有关知识、学校里的资料、演示材料、学生的兴趣、学生的知识背景等结合起来进行教学。正如杜威指出的那样，科学家的学科知识与教师的学科知识是不一样的，教师必须把学科知识“心理学化”，以便学生能够理解。所以他强调教师学习心理学，因为“学校是个应用心理学的实验室”。

知识是教师的外衣，缺乏知识的教师难以承担培养下一代的重任。社会在发展，人类在进步，知识也在不断更新，作为传授知识的教师就需要保持严谨治学的精神，不断地学习和吸收新知识。“工欲善其事，必先利其器。”教师要“传道、授业、解惑”，必须要有广博的知识，对所教的学科不但要通盘了解，还要掌握知识的基本结构和各部分之间的联系，而且对教材的所有细节都要吃透，不可一知半解。只有“知之深”，才能“得心应手”。如果一个教师的治学态度严谨，具有渊博的学识，那他就会像磁铁一样吸引大批的学生，受到学生的尊敬和爱戴。孔子说：“默而识之，学而不厌，诲人不倦，何有于我哉？”所以教师只有不断丰富和更新自己的知识结构，掌握广博的知识，才能让学生对学习始终保持浓厚的兴趣。

三、教师课堂教学的基本功

教师的工作集中在教学上，尤其是在课堂教学上，因此，教师师能突出地表现在其教学行为上。换句话说，教学行为是教师师能的外化形式，它既是一种技术，更是一门艺术。

例如，北京五中特级语文教师、北京市政府教育督导员梁捷是位严谨治学的典范，她常说：“‘虎啸深山，鱼游潭底，驼走大漠，雁排长空’，万物之美都有它的极致。那么，教师这个职业的审美极致在哪里呢？就在于提升师能，永不停滞。”她以学科心理学为依据，坚持创新进行专题教学，总结出阅读教学要突出“重点、规律、特色”。

我听过她讲高一年级的说明文单元。当时这一单元共有四篇文章：《南州六月荔枝丹》《现代自然科学中的基础学科》

《一次大型的泥石流》《蝉》。像这样的说明文，重点内容一看就懂，四篇文章一节课就能学完，因而学生在心理上存在着不屑学、不爱学的消极定式。梁捷老师秉持学术良知，恪守学术规范，认真研究教法，提高学生的学习兴趣，努力提高教学效率。这一单元教学用了三个课时。

第一课时：布置思考题，要求学生自学后列表答题（如表2所示）。

表2　思考题

篇名	说明的内容	说明的顺序	说明的方法	说明的特色
《南州六月荔枝丹》				
《现代自然科学中的基础学科》				
《一次大型的泥石流》				
《蝉》				

学生一听，消极的情绪一扫而光。因为任务是具体的，问题是明确的，密度较大的内容是力所能及的，但是时间较紧。这样就营造了紧张而积极的学习气氛。

第二课时：在自学的基础上，学生通过讨论，抓住了四篇说明文各自的特点；教师运用比较法引导学生总结出说明文阅读与写作的规律。

第三课时：扩展阅读与口头作文。教师运用配乐朗读向学生介绍《美洲彩蝶王趣谈》，文章介绍的知识新奇，语言优美，加上钢琴奏鸣曲的配合，学生获得了美的享受与智慧的启迪。让学生认识到阅读说明文不是简单枯燥的，写作说明文也不是简单枯燥的。在此基础上，启发学生发散思维，讨论这篇文章怎样能够写得更好。这对学生又是一次兴奋的刺激。最后，要求学生自己构思一篇说明文，准备五分钟，即兴在课堂上口头作文。课上，有四个同学进行了口头作文，涉及物理、美术、家乡习俗等方面的知识，学生们兴奋异常，跃跃欲试，只恨下课铃响得太早了。

本次教学效果相当明显，学生阅读印象深刻，课后汇集了两本说明文的作文集。

就是这位梁老师，不大喜欢“春蚕”或“蜡烛”的比喻。她说:“如果非要用什么来比喻教师，我宁愿用普里什文散文诗里‘紫红色的斑点’‘太阳正在下落，树上的斑点却渐渐升高，渐渐熄灭了’‘我有朝一日也要熄灭的，不过一定要在上升的时候’。”是的，这才正好道出教师这个职业的美的极致:永远不满足于现状，不断完善着自身，永远站在为未来培养人才的高度上，追求永不停滞的生命体验!

如果说教学是一种技术加艺术，那么这种技术和艺术主要表现在教师课堂教学的基本功上。不论是中小学教师还是大学教师，其基本功都表现在备课、讲课和处理教学的若干关系上。

（一）备课的要领

备课是上好课的关键和前提。什么叫备课？顾名思义，备课是教师在讲课前准备讲课内容的过程。但是，关于“备什么”“怎样备”却存在不少问题。我们提倡，备课应考虑十七个字，那就是“三的、三点、三实际、两基本、一灵活、纵横联系”。

1. 三个目的

备课首先要备目的，使我们课堂教学做到有的放矢。备课应备哪些目的呢？主要是“三的”，就是要备“课标”或教学大纲的目的、单元或章节的目的、课时的目的。

首先，备“课标”或教学大纲的目的。“课标”或教学大纲是国家教育行政机构，根据教学设计规定某一门课程教学内容的文件。它是教师课堂教学的依据，所以备课首先要熟悉“课标”或教学大纲，使讲课内容符合教学大纲的目的。

其次，备各单元或章节的目的。各科教材都是按若干单元或章节编排的，各单元或章节又包含一定的知识范围，某一课文或某一细目只是体现一定单元或章节的一个方面。因此教师在备课时，不仅要了解每一篇课文或每一个细目的精神，更重要的是吃透一个单元或章节知识的内在联系，全面地、整体地把握知识，掌握这个单元或章节的学习目的。

最后，备课时的目的。课时，也叫“学时”，它是教学的时间单位，即一节课的时间。小学一般为 40 分钟，中学一般为 45 分钟，大学一般为 45—50 分钟。在教学中，每一节课都有每一节课的目的，所以教师在备课中要备具体课时的目的，使 40 分钟、45 分钟或 50 分钟的课堂教学，都能服从既定的教学目的。

2. 重点、难点、疑点

课堂教学，要突出重点，讲好难点，说明疑点。

在任何一本教材里，都有一些在同类知识中分量大、重要的或主要的内容，这就构成了课堂教学的重点；也有一些学生难懂、费解和不易掌握的内容，这就构成了课堂教学的难点。教师在备课时就要找出这些重点和难点。备课要备实质性内容，掌握其重点与难点，熟悉它在整本教材中的地位，了解它和前后篇章相互联系之处。所谓疑点，就是课堂上学生容易混淆、误解且产生疑惑的地方，讲课时需要特别强调，不然容易造成学生概念的混乱。

3. 从三个实际出发

在教学中，要从学生实际出发，从教材实际出发，从社会实际出发。

首先是备学生实际，从学生实际出发，便于因材施教。接下一个班级的教学任务，先得摸清这个班级在这门学科的学习水平，要熟知这个班级学生在这门学科的分化表现，多少人学习有困难；接着要摸清大多数学生对教材中的哪些知识已经了解，哪些还不了解，教材中哪些内容可能会成为难点或疑点；还要摸清用什么样的方法能够提高大多数学生的学习质量，并带动两头：使好的学生更好，落后的学生也能有进步。

其次是备教材实际，"吃透"自己所使用的教材，从教材的实际出发，便于因"教材"制宜。所谓备教材，有三层含义。一是在目前"一纲（一种教学大纲）、多本（多种教材）"

的情况下，了解自己所使用教材的特点。二是正确理解教材的实质和各项知识内容，并能掌握相关的基础知识与实际知识，使教师本体性知识、文化知识与实践性知识融会贯通。三是在“熟”字上下功夫，通过钻研教材，熟练地掌握教材的重点、难点和疑点，避免偏离主题；熟练地理解教材中基本知识和基本技能的要求，避免脱离教学大纲的指导；熟练地掌握教材的内部联系，避免完全被教材所束缚。这样教师在课堂上，不论从哪个方面组织教材，不论从什么角度进行讲解，都能运用自如。

最后是备社会实际，即要求教师联系社会发展实际。文科教学要挖掘教材的思想性，密切联系当前社会的重大现实，对学生进行教育；理科教学要考虑科学发展的最新实际，既能激发学生的学习兴趣，又能使其了解最新的科学成就。这就需要教师在平时加强学习、关心社会，搜集资料、联系实际，以便备好社会发展实际的内容。

4.抓好“双基”

备课要备“两基本”，又称“双基”，即基本知识和概念，基本技能和技巧。

一节好课，教师必须讲深讲透基本知识和概念，不能只图花架子，显示自己的才能，学生的收获却很少。所以必须紧扣基本知识，讲清基本概念。这就要求教师在备课时必须把教材的各种知识和概念，按一定知识结构和逻辑关系进行有机安排，对教学的先后顺序、轻重缓急都要做到心中有数。

教学不仅要传授给学生基本知识和概念，而且要培养他们的基本技能和技巧。所谓技能，是指一个人运用已有的知识和经验，通过练习而形成的各种动作方式，这种动作方式可以分为智力技能和动作技能。技能达到自动化的水平叫技巧。基本技能和技巧是教学所形成的“双基”之一。这就需要教师在备课时按一定的知识结构和逻辑关系安排好各种知识和概念，制订相应的练习计划：确定哪些形成智力技能，哪些形成动作技能，哪些练习须长期坚持，哪些只要一带而过，哪些应发展为技巧，哪些可以不必练习。所有这一切，都要做到心中有数。

5.灵活地发展智力与能力

备课时注意在传授知识的同时，去培养学生的心理能力，即发展他们的智力，培养他们的能力，要贯穿在全部课时中。

6.纵横联系地备课

纵的联系是一门学科的上下联系、年级之间的联系。知识是循序渐进的，只有每节课都考虑到新旧知识的联系，学生才能温故知新。所以教师在将新知识或新概念引出时，必须考虑如何利用学生原有的知识或概念，尽快地将新东西纳入他们已有的知识结构。至于想到为未来教学服务，这不仅是提高整体教学质量的需要，也是一种师德表现。横的联系，就是各学科要彼此兼顾。当然，这方面也得请其他学科教师多谅解、多配合。

（二）讲课的艺术

要上好课，就得讲究讲课的艺术。讲课的基本功可以概括为五个字：讲、写、作、画、演，这五个方面是相互制约、密不可分的。当教师用温馨而铿锵的话语，规整而有力的板书，潇洒而优美的动作，丰富而多变的画面，直观而科学的演示或现代化教育技术进行教学时，往往能收到良好的效果。

1.讲

讲课，当然以讲话为特色。一位优秀教师，上讲台用不了多少话就能够吸引住学生，这就叫基本功，这就是艺术。而这种艺术是怎么来的呢？影响因素很多，技巧要领也不少，主要有：

第一，讲好课的三个前提。一是精神面貌，就是平时在教师中流传着的三个字：精、气、神；二是感情投入，就是把感情融入教学全过程，这叫真正进入角色，以情动人，移情于听讲者，引起共鸣，达到讲课的目的；三是激发兴趣，就是激发学生的求知欲。讲课的艺术不在于传授的知识，而在于传授知识的前提——激励、唤醒和鼓舞。正如孔子所说："知之者不如好之者，好之者不如乐之者。"

第二，讲课的语言要求。讲课主要靠教师的语言。过去有一种习惯的说法，"教师是吃'开口饭'的"，这话有一定的道理，因为讲课离不开语言，这是教师职业的一个特点。一位上海优秀教师有一句名言，即"愿你的语言'黏'住学生"。用"确切、明白、简洁、通俗、优美、形象"这十二个字来表达教学语言的基本要求，是很有道理的。[1]

① 于漪，潘益大，陈贤德，陈亦冰.教师的修养[M].上海：上海教育出版社，1995.

第三，提倡多种授课方法。课堂上的“讲”，方法是多种多样的。对不同年级的学生，有不同的讲法。所讲的内容与形式，都要符合学生的年龄特征，凡是超过他们理解水平的东西，就不要给他们讲。不同的学科，讲的方式方法是不尽相同的。新课与旧课有不同的讲法。课堂教学，更要提倡多一份灵活性。备课固然是上好课的前提，但讲课绝不是生搬备课的内容去“照本宣科”，而应该提倡有教学智慧，灵活运用。

2.写

写就是板书，上课要善于运用板书。“字若其人”，板书不仅表现出一位教师上课的基本功，而且体现教师的教学态度及性格。这就要求教师在板书上下功夫，尤其到一个新班上课。字写得好，学生也会很佩服。

3.作

所谓作，顾名思义是指动作，动作集中体现在教态上。教态起着很大的辅助作用，表现在眼、手、身的动作上。眼要盯住学生，引起学生共鸣；手的动作主要指打手势能起到辅助讲解的作用；身体位置的处理也是很重要的，例如是否“串行”教，要按照具体教学内容、学生年龄等定，不应千篇一律。教态既表现一位教师的教学功底，又直接影响教学的效果。

4.画

画，指的是教师在讲课过程中，应及时画出图表、形状，这是按学生思维发展的年龄特点，提供具体形象的材料。

“画”要让学生易理解，变成自己头脑中的形象，便于形成基本概念。

5.演

演，即演示。无论是中小学还是大学，演示都是非常重要的，这里需要使用直观教具，包括使用现代化的教育技术。

讲、写、作、画、演的相互配合，形成一个教师课堂教学的基本功，是上好一堂课的基本条件之一。教师的“基本功”往往决定着课堂教学的成败，因此我们不能忽视这“五字”功夫。

（三）处理好课堂教学的几种关系

要取得课堂教学的效果，必须处理好其中一系列的关系，根据优秀教师总结的经验，应该抓住以下几方面关系。

1.解决好德、智、体、美、劳的关系

处理好德、智、体、美、劳的关系，是教学原则的要求，一般要求教师在课堂教学上贯彻“爱、关、严、辅、培、引”六个字。“爱”就是从爱护学生的观点出发；“关”就是关心学生，包括学生的思想、学习、生活、体育锻炼；“严”就是严格要求；“辅”就是课上课下对学生进行辅导；“培”就是培养学生的能力，这是在课堂上一点一滴积累起来的；“引”就是注意智育与体育的关系，引导学生积极参加体育活动，引导他们注意卫生保健，对学生看书、写字、听讲、回答问题的姿势都要注意。

2.处理好讲和练的关系

讲、练都是一种教学方式。讲和练如何结合呢？一种是“精讲多练”，另一种是“精讲精练”，再一种是“讲而泛练”，还有一种是“精讲不练”。这四种提法来自不同教学内容，归纳起来，我们称其为“精讲善练、讲练结合”。

3. 处理好尖子学生与一般学生的关系

什么叫好课？大多数学生听得懂，中等学生掌握了就是好课。当然课下要按程度进行辅导，但是课堂上不必太迁就“两头”。对尖子学生的辅导可在课下进行，这是课堂教学的延伸；对一般学生的辅导一般也应在课下进行，那是课堂教学的继续。这是不可或缺的两个环节，在教学设计与课下辅导的安排上要有层次意识。

4. 处理好留作业与批改作业的关系

作业并不是留得多就有好的效果，要合理安排作业量，并达到预期的训练效果。作业的批改一定要讲究实效，虽然作业批改有抽收全改、抽收抽改、全收全改等多种方法，但如果教师总忙于作业之中，实际效果并不一定好。因此，作业的批改与评价要注意多样性。加强课堂的订正，讲题目的要求、思路、解法。此外，有些作业，例如数学课的“编题”，语文课的“编报”，可以让学生互评。

5. 处理好课内与课外、校内与校外的关系

这是既能进行社会实践教育，又能搞好课堂教学的一种重要手段。因为课内外、校内外活动的内容丰富多彩，形式生动活泼，方法灵活多样。它可以增加学生的感性经验，满足学生多方面的需要，发展学生的特殊爱好，培养学生某方

面的才干，从而提高教学的质量。对课内外、校内外关系处理得好，不仅体现出教师的基本功，而且可以把师爱扩展到课堂之外去。

6.处理好教与学的关系

教与学的关系，应该提倡双主体地位。与此同时，我们认为，授之以鱼，不如授之以渔。教师教学的目的是促进学生的学。学生要学得积极，学得主动，才能收到好的效果。孔子曰："学而不思则罔，思而不学则殆。"晁说之曰："为学之道，必本于思，思则得知，不思则不得也。"所以应运用眼、耳、心、口、手在学习方法上做文章，并在看、听、记、写、问、忆、练七个字上下功夫。

四、教师的教育能力

发扬严谨治学的精神主要是为了提高教师的能力，即师能。培养出国家所需要的优秀人才，是衡量教师师德的根本标准，而师能正是培养国家所需要优秀人才的手段。教师的任务，不仅是教书，更重要的是育人。教育的最终目标，是促进学生学会做人，成为一名有德行、有社会责任和有个性的人才。为了达到这个目标，教师要有育人的能力，这就是我们平时说的教育能力或德育能力。教师的教育能力十分复杂，表现的方面也很多，既表现为专门从事德育工作的教师担任班主任（或大学辅导员）的能力，也表现为教师在教学过程中渗透德育的能力。

（一）担任班主任的能力

1979 年，广东省潮安县（今潮州市潮安区）浮洋镇六联小学丁有宽老师在京出席全国劳模大会后回到广东，省委领导同志亲切地和他座谈。省委书记笑着问他：“丁老师，您有什么要求？”他不假思索，诙谐地回答：“我要当‘科长’，要当‘主任’。”在场的同志有点愕然。他说：“这个‘科’是小学语文教学科，这个‘主任’是班主任。”

丁老师在从事班主任工作的数十年中，积累了许多教育学生的经验。他和许多优秀教师有一个共同点，就是特别“偏爱”后进生，花了大量力气去做后进生的转化工作，使他们在德、智、体、美、劳各个方面得到健康成长。转化后进生既是教育工作的重要一环，又是最难做好的工作。丁老师总结了后进生转化的三大难点：一是学生成绩落后的原因各不相同，必须有的放矢地进行针对性的工作，如果不查明原因，性急求快，绝难奏效；二是后进生之所以成绩落后，多是因为心灵受到了难以平复的创伤，针对不同原因的心灵创伤，丁老师采取了相应的治疗措施，获得了学生的信任；三是学生过于稚嫩，认识能力和分辨能力差，意志力弱，反复性大，教师必须善于引导，把他们的心思吸引到班集体中来，吸引到学习上来，通过学习磨炼意志和性格，使他们健康成长。

经过多年的摸索，丁老师将后进生性格进行分类，并总结出互有关联、各有特点的转化措施。对后进生，要“挖掘闪光点，扶持起步点，抓住反复点，促进飞跃点”，前两点要宽，后两点要严，宽严有度，施教得法。多年来，他通过进行“四全”（全标、全员、全程、全力）教育，系列育才，在教育改革的实践中成效颇丰。

要想成为像丁有宽老师一样的优秀班主任，做好后进生转化工作仅是需要具备的能力之一，还需具备以下几种能力。

第一，从班主任的工作看教育管理能力。班主任是学校里全面负责学生班级工作的教师，也就是说，班主任是位领导者、组织者和管理者。班主任的职责有：着重领导班级教育（教学生学会“做人”）；积极协调各科教学；全面提高学生素质；进行班级日常管理；指导校外活动；联系家庭教育和社会教育。面对错综复杂的班主任管理工作，要履行好上述种种职责，需要两个前提：一是制订周密的班级工作计划和严格实施的方案；二是充分地了解学生，讲究工作方法。

第二，从班主任的任务看组织集体的能力。班主任的基本任务是按照全面发展的要求，开展班级工作，培养良好班集体，全面教育、管理和指导学生，使他们成为德才兼备的人才。班集体的力量是相当大的，这是班级成长和班级的每个成员进步的基础，也是一位先进班主任完成其基本任务、成功管理班级的经验所在，班主任在促使形成一个先进班集体及其舆论、信念、情感、意志、行为和习惯（班风）时要花费大量的心血。但先进毕竟是少数，绝大多数班主任还在班集体建设过程中迈着艰苦的步伐。要完成这个任务，就需要组织集体的能力。

第三，从班主任的工作计划看教育预见能力。“蜜蜂建筑蜂房的本领使人间的许多建筑师都感到惭愧。但是，最蹩脚的建筑师从一开始就比最灵巧的蜜蜂高明的地方，是他在用蜂蜡建筑蜂房以前，已经在自己的头脑中把它建成了。”[①]这说明了人类劳动和工作的目的性和计划性。班主任要把管理工作做好，也要有其目的性和计划性，目的性和计划性就是教师的工作决策，它是教师教育监控能力的一种表现。

第四，从班主任的工作方法看教育创新能力。一谈到班主任的工作方法，几乎每一个班主任都强调的主要有三种：一是研究学生，了解学生，一切从实际出发；二是培养良好的集体，充分依靠集体的舆论、信念、情感、意志、行为和班风的力量；三是组织各种教育活动，把活动作为学生积极向上的基础。然而，有人工作很出色，把班管理得很好，有人却成绩平平，也有人管出了乱班。这里除了受学生生源、班主任的投入程度以及班级基础影响之外，主要取决于班主任的创造精神和创新能力。

（二）教师在教学过程中渗透德育的能力

德育具有多途径和多渠道。德育课程化是一种途径，班主任工作是一个重要渠道，而各科教学都具有教育性。教师在传授知识的同时，不仅灵活地发展学生的智力与能力，而且可有机地渗透德育，负起“教书育人”的职责。因此，渗透于教学的德育能力，就成为教师教育能力的一个重要表现。

---

① 马克思，恩格斯.马克思恩格斯文集：第五卷[M].北京：人民出版社，2009：208.

教师的天职是既教书又育人，所以，在各类课程、各门学科、各科教学中，教师毫无例外地要对学生进行科学方法论、学习态度和思想道德的教育。教师在教学中渗透德育工作的能力，会影响渗透教学中的德育效果，这种能力具体表现在三个方面。

第一，引导学生的思想品德从量变走向质变的能力。在教学中坚持德育教育，一个重要方面，是要引导学生的思想品德发展从量变走向质变，因为教学中任何德育的内容，都是思想道德知识。也就是说，学生思想品德是在其“知”的反复提高和“行”的反复训练中逐步发展起来的，并需经过一个又一个的发展阶段。教师能否引导学生完成这个质变，这在教学过程中是应该引起重视的一个问题，也是教师在教学中渗透德育能力的表现。

第二，培养学生的非智力因素的能力。传授知识的教学活动，主要是一种智育活动，以培养学生的智力与能力为主要目的，但智育中有德育，德育中有智育。发展学生的智力必须以培养他们的非智力因素为前提，培养学生的非智力因素为的是更好地发展智力。所以，在教学活动中，除了一般德育内容之外，一条重要的德育措施就是培养学生的非智力因素，以及发展学生的需要、动机、情感、意志、性格和习惯等。这实际上是每位教师在每堂课中都会碰到的事情，问题是我们做不做和如何来做。所以，培养学生的健康的情感、顽强的意志、浓厚的兴趣、远大的理想、积极的动机、刚毅的性格和良好的习惯等，取决于教师在教学中渗透德育的能力。

第三，培养学生爱国主义的能力。在教学中，教师应该把爱国主义教育作为贯彻始终的一条红线或生命线。把爱国心、赤子情、民族魂作为教学内容的指导思想和最高原则；把知国耻、懂国情、树国格、振国威、扬国魂作为具有现代意义的教学原则。这是教师应该具备的渗透在教学中的德育能力，而且是德育工作的核心内容。

比起专门从事德育工作的班主任工作和德育课程的教学，渗透在教学活动中的德育工作是很难做的，弄得不好，往往是教学与教育两张“皮”，很难统一起来。为了提高在教学中渗透德育的能力，我恳切地希望：一是提高在教学工作中加强德育的自觉性；二是负起为人师表的责任，把以身作则贯彻在课堂教学的始终；三是学习德育理论、明确德育任务、掌握德育原则和德育方法。

五、教师的科研能力

不论是中小学还是高校，教学都是教师的首要任务。与此同时，严谨治学还突出地表现为教育科学研究，这在高校，特别是研究型大学尤为明显。

在中小学里，教师的科研对自然科学或社会科学的研究偏少，但对自己的工作——教育科学或教改科学的研究却占据优势。教师的科研，特别是高校教师的科研讲究科研道德，在本书的第八讲谈到高校教师师德的特殊性时，会专门涉及这个问题。高校教师，尤其是研究型大学的教师，追求教学、科研双重任务，因此自然地把人均的科研课题数、人均的科研经费数、人均的科研成果发表数、人均的科研成果获奖数，以及人均科研成果为国家、社会决策或政策部门提供参考的数量等作为评价指标。所有这一切，都反映了教师科研的价值、功效和对社会的意义。这里包含在教师科研中所付出的劳动、心血和汗水，也体现了教师尊重事实、实事求是、客观诚实的治学态度和科学研究的能力，表现出师能的一个侧面。

中小学教师不同于高校教师，他们没有艰巨的科研任务。但是，中小学教师参与教育科学研究是非常有必要的，这是提高自身素质的重要途径。通县六中（今通州六中）就是一个很好的例子。

1986 年，我们课题组开辟了北京通县的实验点。在通县县城里有六所中学，通县六中原副校长曾形象地说："一中狂，二中忙，三中打架排成行，四中没法提，五中改（教师）进（修学）校。土六中，门朝北，不是'流氓'就'土匪'。"一中就是现在的北京市潞河中学，有一百多年的历史，学校占地面积约四百五十亩[①]，是北京市重点中学，遥遥领先，当然"狂"了。二中叫富士（教会）女中，将近一百年历史，赶一中赶不上，满头大汗，当然忙了。四到六中的学生差不多都是别的学校挑剩下来的学生。1986 年小学毕业升初中，一中

① 1 亩约合 666.7 平方米。

招四个班，二中招六个班，六中招八个班。考试科目是语文和数学，满分为 200 分。一中当时招的学生最低分是 193 分，二中最低分是 180 分，可六中呢？平均招生成绩是 121.5 分，几乎把剩下来的学生全要了。除了学业成绩，六中学生的智商分数也相对较低。在开展实验前，通县一中、二中和六中的初一新生，平均智商分别为 114.5、104.8 和 87.8。后来六中老师参加教育科学研究，跟我们一起进行学生思维、品质的培养，进行非智力因素的培养，逐步改变了落后的面貌。到 1989 年中考时，六中居然在全县 46 所中学中考了第二名，仅次于通县一中，这就是进行教科研的结果。

从大量实例中，我们逐渐总结出了教师参加教科研的四点必要性：第一，通过参与教科研，中小学教师能更好地亲身体验到科学研究所揭示的教育中的客观规律，进而把它运用到实际工作中，提高教育的质量；第二，通过参与教科研，中小学教师可以了解国内外教育发展趋势，更自觉地为建设中国特色社会主义教育体系做出努力；第三，通过参与教科研，可以明确教育改革的实质，更好地当好教改骨干，为深化教育改革作出贡献；第四，通过参与教科研，中小学教师能提高自身的教育科研意识，改变教师的角色，由“教书型”转向“专家型”与“学者型”。总之，参加教科研，是中小学教师提高自身素质的重要途径，是教师严谨治学的内在要求。

中小学教师参与教科研的特点主要表现在四个方面：

第一，课题选择。中小学教师在课题选择中，应坚持需要性、科学性、创造性、可能性、兴趣性五个原则，选择适合个人或集体的研究课题。可以是宏观课题，也可以是微观课题；可以是教育或教学课题，也可以是促进自身素质提高的课题；可以是教育实验课题，也可以是科学的经验总结；等等。有了课题和明确的研究目的，就要开始考虑怎样研究，即具体战术、方法和措施。

第二，需要综合文献综述。中小学的教育科学研究，也应该适应两个需要：一是适应国际教育发展趋势的需要，二是符合我国亟待转变的教育观念的需要。针对这两个需要，要求教师在参加教科研时先要阅读有关论著、掌握材料，写好文献综述。文献综述不是对已有材料的罗列，而是根据自己的思路，既是客观（已有的有关研究）又是主观（按自己有关研究需要）综合而成，它使研究者理清某些研究发展的脉络和背景，有助于自己进一步研究问题，为提出假设提供经验和依据，这是重要的研究基础。

第三，研究力量。我赞同教育家陶西平的一段话：教改的成功，要依靠“有权之士”（教育部门的行政领导）、“有识之士”（专业教育工作者）、“有志之士”（广大参与到课改中的中小学教师）三股力量的共同努力。中小学教师参加教科研更体现出这三股力量的有机结合。

第四，研究原则。在教科研过程中，中小学教师应该坚持四个原则：一是客观性原则，不要预设任何研究结论，要老老实实地实践和实验，从而验证或更新一定的教育理论；二是系统性原则，必须按照系统、整体的观点，切实掌握好每一个具体研究环节，保证不出一点差错，以获得较全面的科学结论；三是优化原则，中小学教师参与教科研的最终目的在于提高教育质量，因此应坚持花较少的时间和精力，取得在可能范围内的较大效果；四是不平衡性原则，中小学教师在研究中要考虑到学生心理发展的不平衡性，使研究设计更完善、更合理，使获得的研究结果更可靠、更富有代表性，使我们更加不拘一格地培养人才。

可以说，严谨治学表现在中小学教师参与教育科学研究的每个特点中，融入教育科学研究的每个环节。

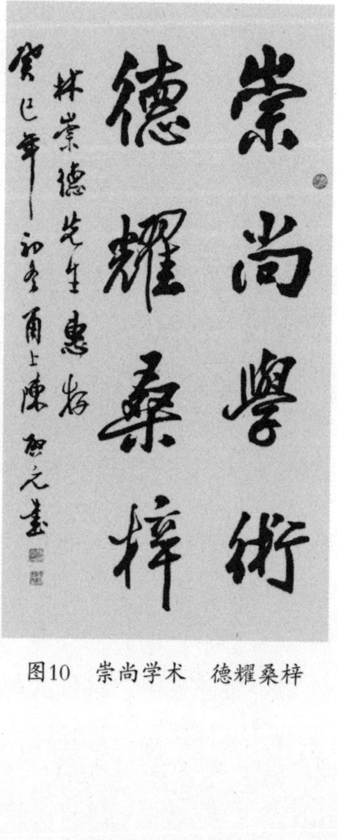

图10　崇尚学术　德耀桑梓

第七讲

立师风，为人师表重履践

全国优秀教育工作者、北京五中老校长吴昌顺先生在谈师德时指出：

教师，这个平凡的名字，请你保持它的圣洁与纯真；

教师，这是天赋的职责，实现宏图大志才能使它的名声永在；

教师，这是光荣而豪迈的事业，我们甘愿倾尽全部心血为它增光彩；

只要出于良知，不计得失，人们不会忘记；

首都教育发展历程上有您不可磨灭的足迹，共和国教育史册上有您永远闪光的篇章；

只要竭忠尽智，献身孺子，历史就会证明：在您用生命铺就基石的大路上，未来各条战线的社会中坚、民族脊梁将为“四化”大业跃马飞扬；

只要“不求有功于人，但求无愧我心”，就是于社会有大功；只要“但为他人耕耘，不问自己收获”，就定收获更多的幸福，创造出属于自己、属于社会、属于全人类的辉煌。

这些诗一般的语言，都是在阐述北京师范大学，吴校长与我的母校的校训“学为人师，行为世范”的真谛，表达“为人师表”的主题。

“为人师表”的内容极其丰富。《中小学教师职业道德规范》(2008 年修订)指出“为人师表”，要求教师“坚守高尚情操，知荣明耻，严于律己，以身作则。衣着得体，语言规范，举止文明。关心集体，团结协作，尊重同事，尊重家长。作风正派，廉洁奉公。自觉抵制有偿家教，不利用职务之便谋取私利”。《高等学校教师职业道德规范》在谈及“为人师表”时提出，教师要“学为人师，行为世范。淡泊名利，志存高远。树立优良学风教风，以高尚师德、人格魅力和学识风范教育感染学生。模范遵守社会公德，维护社会正义，引领社会风尚。言行雅正，举止文明。自尊自律，清廉从教，以身作则。自觉抵制有损教师职业声誉的行为”。

我认为，“为人师表”可以表现为在教师与社会的关系、教师与职业的关系、教师与集体的关系、教师与学生的关系、教师与自我的关系五个方面中所起的表率作用。

一、教师与社会的关系

(一)热爱祖国

我提倡“爱的教育”。希望我们的教师爱国、爱党、爱学术、爱教育和爱学生。我在“引子”中讲师德要处理的八大关系，第一条就是“与国家的关系”。我之所以把热爱祖国放在首位，是因为热爱祖国是一种最高尚、最纯洁、最强烈、最直接、最能区分“忠”与“奸”的感情，也是我们当老师的“为人师表”的第一要素。热爱祖国，反映的是教师个人与国家、与民族、与社会的关系，是教师最基本的行为规范。不论是中小学还是高校的教师职业道德规范都强调，教师必须“热爱祖国，热爱人民，拥护中国共产党领导，拥护社会主义。全面贯彻国家教育方针，自觉遵守教育法律法规，依法履行教师职责权利。不得有违背党和国家方针政策的言行”。“守法”与“爱国”是密不可分的，“爱国”是守法的前提和核心，如果一个人不爱国，他就不可能自觉遵守国家法律。

教师的爱国之情，主要表现为深深地热爱自己的教育事业，满腔热情地教书育人，竭尽全力为祖国培养优秀人才。2013 年全国教书育人楷模、张家口市职教中心校长汪秀丽，就是把满腔爱国之情融入教育事业的典型人物。她的个人成长历程可分为三个层次。首先是“当一名合格的人民教师”。她倾注大量的心血创造了颇受学生欢迎的哲学课堂，教给了学生受益一生的世界观、人生观、价值观和辩证思维方式，以春风般和煦的影响力带出了极具凝聚力的班集体。然后是“当一名人民满意的校长”。1997 年，她被任命为张家口市职教中心校长，当时中等职业教育进入了前所未有的低谷，全国许多职业学校不得不关闭或合并。上任伊始，她以清晰的思路提出了“要站在经济的角度看教育，站在教育的角度看职业教育”“紧贴市场办学”“以特色求发展”一系列先进办学指导思想，最终把学校发展成为国家级重点、国家级示范学校。最后是“做人民满意的教育家”。几年来，她多次在全国、省、市各级各类会议、论坛上介绍办学经验，成为在全国职业教育系统中享有较高声望和影响力的专家型校长。汪秀丽正是用自己勤劳的双手立业兴邦，用“职教梦”托起自己的“爱国梦”。

我们敬爱的霍懋征老师说：“我知道孩子是祖国的花朵，是祖国未来的建设者，爱孩子就是爱祖国，我要把热爱祖国、热爱教育事业之情，倾注到我的学生身上，全身心地投入小学教育事业。”北京景山学校著名特级教师马淑珍老师说：“我虽然天天战斗在三尺讲台前，每节课教儿童识几个汉字，但这几个汉字却连接着祖国。”是的，一个教师对祖国的爱，既要像霍懋征老师这样体现在大的人生志向的确立上，也要像马淑珍老师这样体现在教育教学的每一个细小的环节上。

一个教师的成长历程，应该也是教师的爱国之路。要做到热爱祖国，不仅要求我们树立爱国主义思想，深刻地认识到自己的工作是和祖国的未来发展、国家的繁荣昌盛联系在一起的，而且要求我们把日常平凡的工作当作“大事”来做，这样才能自觉担负起这份责任和接受这一重托。

（二）依法执教

依法执教，要求教师要知法、守法，自觉遵守《中华人民共和国教师法》等教育法律、法规，在教育教学中同党和国家的方针、政策保持一致，依法履行教师职责权利。法律禁止的行为坚决不做，法律要求做的必须做好，尽职尽责，不做出损害国家利益和不利于学生健康成长的言行，维护社会稳定和校园和谐。

在我们的教育实践中，个别教师教育学生的方法简单、粗暴，动辄训斥、谩骂、讽刺、挖苦、羞辱学生，变相体罚甚至体罚，对学生进行人格侮辱和心灵虐待。这给整个教师群体的形象造成了极坏的影响，也引起全社会的高度关注。有调查表明，在教师中认为对学生的体罚“应绝对禁止的”占39%，认为“可以”或“偶尔可以”的占61%，其中23%的教师振振有词地说：“体罚也是教育方法之一，应该允许。”于是一些怪现象便上演了：北京某区某小学生，因未完成作业，被班主任鲁某连扇耳光；广州学生因背不出乘法表，被老师用铁焊条抽；扬州市某小学美术教师在教学过程中体罚该校学生董某，导致该生肋骨骨折、气胸……值得注意的是，近年见之于报端的教师体罚手段从传统的下跪、掌嘴、揪耳朵、扇耳光、打手心、面壁思过、赤脚长跑，发展到现在的下蹲、钻桌子、吃苍蝇、动作定型、脸上刺字、夏天烈日下晒太阳、冬天冰天雪地中吹劲风等，怪招迭出。

人们惊讶于身为人类灵魂工程师的那些教师为什么会如此粗暴、残忍，甚至变成摧残孩子们心灵和身体的恶人。除了这些教师的师德修养不够，还有一个重要原因在于他们的法律意识淡薄，法律知识贫乏，不能依法执教。

教师要做到依法执教，在教育教学活动中必须做到知法、守法、不违法。知法，是指教师要了解《中华人民共和国教育法》《中华人民共和国教师法》等教育法律、法规；守法，不仅是指教师要用相关的法律、法规来指导自己的教育教学实践，从教育的方法到手段都符合法律的规定，不违背相关法律、法规，而且指教师在课上课下的言行符合我们的教育方针，有正确的教育思想和教学内容，不得在课堂上散布与法律要求相悖的观点和言论，也不得传播“小道”“八卦”等低级庸俗的消息。从某种意义上说，教师的教育教学活动，实际上就是在“执法”。

二、教师与职业的关系

（一）忠诚教育事业

“忠”是中华民族的美德之一。忠，忠厚，忠诚无私，尽心竭力，其适用范围很广。忠诚祖国、忠诚人民、忠诚事业应被视为中华民族最为神圣崇高的追求。对我们教师来说，忠诚事业就是忠诚教育事业。忠诚教育事业是教师人格不可或缺的一部分，它要求教师应该树立崇高的职业理想，志存高远，以培养优秀人才为己任；恪尽职守，甘于奉献；热爱教育，关爱学生，严格要求学生，公正对待学生，做学生的表率，不损害学生和学校的合法权益；在工作中认真负责，刻苦勤奋，不敷衍塞责。

全国师德标兵、被誉为“史上最牛校长”的叶志平就是忠诚教育事业的重要范例。作为四川省绵阳市安县桑枣中学的校长，他把自己的一生奉献给农村教育事业，在自己的岗位上做了一“头”忠诚于教育事业的“孺子牛”。作为教师，叶志平注意提高学生的学习兴趣，采用多种方法调动学生积极性，安县桑枣中学连续十六年中考成绩全县第一；作为校长，“最牛校长”叶志平始终把安全放在首位，每学期搞紧急撤离演练，多年从未间断，最终创造了“5·12”汶川大地震中2300多名师生仅用1分36秒全部安全撤离、无一伤亡的奇迹。这种忠诚，是一种力量，它推动教师全身心地为自己的学生服务；这种忠诚，是一种信仰，引导教师在付出中获得自我满足、自我尊重；这种忠诚，是一种素养，需要经过千锤百炼的过程，而不是自认为有就有。

忠诚于教育事业，要求教师做到三个奉献。一是奉献爱心。教师要真心热爱自己的学生，罗曼·罗兰说："爱是生命的火焰，没有它，一切变成黑夜。"哪怕学生是一块顽石，老师也要用“爱”去撞击他的心扉，学生思想中的“黑夜”终会隐退，从而燃起新的希望的火焰，本已失去希望和信心的心灵，便会激起强大的生命力。二是奉献知识。作为教师，一方面要贡献自己的现有知识，另一方面要像海绵一样不断吸取一切真知，然后再把真知贡献给学生，让他们踩着教师的肩膀前进，在教师的头顶上“起飞”。三是奉献生命。当教师在奉献爱心和知识的时候，同时也在奉献自己的生命，尤其是在集体、学生利益受损时，要勇于牺牲自己，不图名利。

（二）廉洁从教

廉洁是教师立教之本，也是为人之本。古人云：“不受曰廉，不污曰洁。”意思就是不受贿赂，不接受不属于自己的东西，不贪图财货，不沾不污，立身洁白。廉洁从教，要求教师要坚守高尚情操，发扬奉献精神，自觉抵制社会不良风气影响，不利用职责之便谋取私利。廉洁从教，不仅是为人师表的一个明显标志，而且是今天社会正气在教师身上的表现。教师廉洁与否，学生看得特别清楚。

全国优秀师德标兵、辽宁丹东凤城东方红小学校长包全杰，是教职工和学生们公认的只讲奉献、不求索取的好校长，是清正廉洁、一尘不染的好干部。他担任校长的 10 多年间，学校资产增长了 10 倍，然而，他自己却始终过着清贫的生活。他家 8 口人长期挤在 36 平方米的低矮平房里，一住就是 11 年。直到教师们的住房问题都解决了，包全杰才搬进新居。

现代教育家陶行知先生，是廉洁从教的楷模，他一生执教，持俭守节。他廉洁从教的作风，形成了强大的道德影响力，深刻地影响了一批又一批学生的道德情感和精神世界，使学生在敬仰中，默默地产生着思想和行为上的自我激励、自我修养和自我改造。

相反，如果教师为人不廉洁，言行不检点，责任心不强，甚至对学生索取财物，则会对学生的发展产生负面作用，使学生不仅对当事教师滋长反感情绪，而且易产生对人、对事、对社会的不信任感，甚至对未来失去信心。例如极个别教师由于受拜金主义思想的侵蚀，对教室内的座位实行有价安排，学生家长“感情投资”了，学生就被安排在好位置上，否则就是“后”“边”“角”了；有的教师公然当起商品的代言人，学习工具、教学用书、生活用品一律由其统一采购，变课堂为商场，变学校为市场，等等。此外，有偿家教是一个社会关注的焦点问题，有偿家教的危害是显而易见的，它不仅违背了教师爱岗敬业、廉洁从教的基本要求，还异化了师生关系，削弱了以身作则、为人师表这一师德的人格力量，而且给学校声誉、教师自身发展都造成危害。

教师要做到廉洁从教，必须坚守高尚的情操，树立正确的义利观，坚持大义为先，私利居次；必须抵制金钱、名利的诱惑，拒腐蚀，不取不义之财、非法之利；不沾染社会上的不良恶习，更不搞第二职业、有偿家教；始终以廉洁的道德品行为学生与世人做出表率。

三、教师与集体的关系

（一）团结协作

团结协作是教师处理与集体关系时的重要要求之一。它要求教师为了共同的教育目标，彼此合作，相互支持，最大限度地提高教育效率和效果。苏霍姆林斯基说过：“教师集体是大家志同道合进行创造性合作的团体，在这里，每个教师都能为集体的创造作出自己的贡献，每个人从集体的创造中吸取精神力量，同时也以精神力量去激励自己的同志。”在学校集体中，有不同学科的教师，不同年龄的教师，有学校领导、行政管理人员和后勤工作人员。教师们要做到见先进就学，见后进就帮，大家相互学习，相互帮助，共同提高，这是团结协作的重要基础。

2013 年全国教书育人楷模、上海辛灵中学校长谢小双，深知教师之间团结协作、凝聚众人力量的重要性。上海辛灵中学是一所特殊学校，对行为不良、学习困难、成长困难的学生施以特殊教育。对于初中阶段的特殊教育，学校面临既要纠正和防治学生不良行为习惯，又要按《中华人民共和国义务教育法》的规定完成初中阶段文化基础教育的“双重任务”。谢小双任校长后，要求全校所有教师必须坚定两个信念。一是“一个都不放弃”的信念。克服“学生太差”“教不会”的畏难情绪，引导教师转变观念，正视现实，抛弃“等、靠、要”的做法，激励大家心往一处想、劲往一处使，带领全体教师以团队协作的形式，互评互助，有针对性地开展教育教学基本功练兵活动，不同科目教师一起为学生设计不同的教育方案，与每一个学生“手拉手，结对行”，不抛弃、不放弃任何一个学生。二是“人人都会成功”的信念。他利用各种场合宣讲，让教师真正认识到孩子是每个家庭的希望，转变一个学生，就是挽救一个家庭，就是消除一个社会隐患，引导教师培养和发扬“爱心、耐心、信心、尽心、恒心”。对学生倾注关爱，对学生精雕细刻，通过赏识教育，发现学生优点，促进学生转变，力求让每位学生都能走向成功。在他的带领下，辛灵中学在工读教育中走出一条办学新路，《解放日报》《文汇报》《中国教育报》《环球时报》英文版以及上海教育电视台、中国共产党新闻网、上海教育新闻网等媒体多次报道辛灵中学创造的奇迹……

教师要做到团结协作，一方面，要相互帮助、通力合作。提倡同行相亲，同行相助，追求教育教学的整体效果，在集体奋斗的成功中实现个人的价值；反对“同行是冤家”“教会徒弟，饿死师傅”“文人相轻”的错误观念，反对有些教师把自己的知识和经验当成私有财产，反对搞资料封锁、专题保密、故步自封的不良倾向。另一方面，要通过学习先进，共同提高。优秀教师、模范班主任和先进工作者，是教师的光荣和骄傲，是他们用辛勤的汗水和劳动在长期的教育教学实践中，通过自己的努力和探索做出一定的成绩，我们应该学习他们的劳动态度和宝贵的经验，将这些精神财富发扬光大，使之成为集体的共同财富。

（二）严于律己，宽以待人

严于律己，宽以待人，是中华民族传统美德所倡导的道德品质，对于以教书育人为职业的教师来讲尤为重要。这是因为教师除了事事要以身作则、为人师表外，还要善于处理好各种人际关系，组织调动所有的教育力量，把学生教育好。

严于律己，首先要求教师要严格要求自己，严于解剖自己。鲁迅先生曾经说过：“我的确时时解剖别人，然而更多的是更无情面地解剖我自己。”解剖别人容易，解剖自己则十分困难。在这方面，老一辈教育家吴玉章同志为我们做出了榜样。他学识渊博，从不居功自傲，年逾八旬时，写下了座右铭以律己：“我志大才疏，心雄手拙。好学问而学问无专长，喜语文而语文不成熟。无枚皋之敏捷，有司马之淹迟。是皆虚心不足，钻研不深之过。年已八一，寡过未解，东隅已失，桑榆未晚。必须痛改前非，力图挽救。戒骄戒躁，毋怠毋荒。”这种严于解剖自己、生活不息战斗不止的精神，值得我们每位教师认真学习。

宽以待人，要求教师为人要豁达、大度、宽容、诚恳，对同事的缺点错误，提出善意的批评建议；大事讲原则，小事讲风格，不求全责备，不斤斤计较，更不能得理不饶人。对于自己的学生，要认识到宽容学生是学生改正缺点的前提，要给学生时间和机会去改正缺点，不要评论或传播学生的缺点，更不要抓住学生的缺点不放。教育的过程也就是不断纠正错误，最大限度地促进学生全面、健康成长的过程。

这里有一个真实的故事：由于某老师上课时没收了学生的纸牌，学生怀恨在心，写下“× 老师，你不的[得]号[好]死”的纸条。老师从举报人手中拿到这个纸条后，不但没有大发雷霆，而且为孩子耐心地纠正错别字，因为这个孩子把“得”写成“的”，把“好”写成“号”了。她平静地告诉孩子：“其实每个人都是要死的，或早或晚并不可怕，可怕的是活着的时候不好好读书，到死的时候就会后悔。你现在还小，有些话可能还不懂，以后你会明白的。你现在可以回教室了，去上课吧！”这个孩子满脸泪水，说道：“老师，对不起！”这就是宽以待人的力量，和风细雨、轻描淡写地感化学生，激励学生。

事实上，严于律己和宽以待人是密不可分的，这是一个问题的两个方面。一方面，要谦虚、谨慎，戒骄戒躁，严格要求自己；另一方面，为人要宽容、诚恳，给别人充分的信任。

四、教师与学生的关系

（一）教书育人

教书育人是教师职责的最根本的要求，《中小学教师职业道德规范》（2008 年修订）对“教书育人”有如下解释：教师要“遵循教育规律，实施素质教育。循循善诱，诲人不倦，因材施教。培养学生良好品行，激发学生创新精神，促进学生全面发展。不以分数作为评价学生的唯一标准”。《高等学校教师职业道德规范》对“教书育人”做如下的说明：教师要“坚持育人为本，立德树人。遵循教育规律，实施素质教育。注重学思结合，知行合一，因材施教，不断提高教育质量。严慈相济，教学相长，诲人不倦。尊重学生个性，促进学生全面发展。不拒绝学生的合理要求。不得从事影响教育教学工作的兼职”。

“教”是技术层面的，“育”是价值层面的，是根本，它包含着人们的希望，体现着人们的价值取向。近代美国教育家杜威说：教育主要是培养学生的德行。一位优秀的教师，绝不是简单的“教书匠”和传授知识的“工具”，他是知识的传输者，是学生生活的导师，是学生道德的领路人。

全国教书育人楷模、青海省门源二中高级教师孔庆菊，很好地将教学和育人结合在了一起。她不仅在教学上重视教学方法的变革，把“授人以鱼”变成“授人以渔”，激发学生的学习积极性和创造性；同时，注重育人，努力进行情感教育，以人格魅力育人。孔庆菊常说：“作为教师，细微的关爱不容忽视。”对许多孩子来说，孔庆菊不仅是老师，还是“妈妈”。一位从小失去母亲、父亲下岗的孩子记得，是孔妈妈拿出微薄的工资，给因家境困难多次面临辍学的她买衣服和学习用品；一位家住边远山区，从小就体弱多病的孩子记得，孔妈妈经常带他看病，还把他带到自己家去住……对令人头疼的“问题孩子”，孔庆菊也从不轻易放弃。一位学生总是在课堂上打瞌睡，过了一阵子，她竟然开始撒谎，找借口不来学校。孔老师与她促膝长谈，推心置腹。孔庆菊把更多的爱倾注到她身上，就连外出开会，都不忘发短信，毫不吝惜鼓励：“你很懂事！是我心中最棒的学生！好好学习，老师为你加油！”后来，该学生的学习成绩在班上名列前茅。孔庆菊的努力得到人民的认可，她被当地学生和家长们誉为“格桑花”（藏族人民心目中最美丽的花）。

教师职业是以教书育人为中心的一种职业。中国古代著名的教育著作《礼记·学记》曾经指出：“善歌者，使人继其声；善教者，使人继其志。”教师承担着传播人类文化，开发人类智能，帮助学生形成科学的世界观和正确的人生观，用人类崇高的思想、高尚的道德去塑造学生的灵魂，引导学生养成良好的行为习惯的神圣职责。因此，教师要对学生启之以智、晓之以理、动之以情、导之以行、注之以爱。启之以智，就是要丰富学生知识、发展学生智力，达到全面提高学生素养的目的；晓之以理，就是通过摆事实、讲道理的方式，向学生宣传爱国主义、集体主义思想，帮助学生树立正确的理想和信念；动之以情，就是要唤起学生的积极情感，并使其成为学生努力学习的推动力；导之以行，就是要求学生做到的，自己首先做到，处处、时时、事事以符合人民利益为最高准则；注之以爱，就是全心全意关心和爱护学生，获得学生的信赖，打开教书育人的通衢。

（二）甘当人梯

甘当人梯是指自己默默耕耘，为别人的成功而做自我牺牲。梯，渐进的阶与级；梯子，升降的设备。人梯，是以人搭成的、供他人踩肩而登的工具。人梯血躯相接、柔韧相济，倾心扶渡、舍己芸人。甘为人梯，是一种追求，是一种境界，更是一种精神。教师都为“培养超越自己的学生”而感到光荣，在他们身上，没有“教会徒弟，饿死师傅”的陈腐观念，也不会对“长江后浪推前浪，前浪死在沙滩上”等网络语言产生共鸣，他们追求的是“青出于蓝而胜于蓝”的至高境界。

全国优秀教师、青海省互助土族自治县东山乡什巴小学校长刘让贤，原是天津人，后响应党的号召随家迁居青海，在青藏高原的七沟八梁、穷僻山村当小学校长。20多年里，这个学校先后分来38位教师，走了32位，最长的干了两年，最短的只干了半年，而刘让贤成了这个学校的长期守望者。他甘守清贫，为山村教育事业默默奉献自己的一切。面对贫困、闭塞、极其恶劣的环境，他没有怨天尤人，而是从一点一滴小事做起，脚踏实地地进行教育教学工作，把穷乡僻壤的孩子们引入知识的殿堂，取得了显著的成绩。他送走一批又一批学生，他们中的许多人走出大山，有的当上教师，有的当上医生，有的成为私营企业主……这种“甘当大山里的人梯”的精神，赢得了人们的爱戴。

同样地，大学教师里也有很多甘当人梯的事例，比如“杂交水稻之父”袁隆平的事迹就很好地诠释了“人梯精神”。他把联合国教科文组织科学奖奖金和美国水稻技术公司的顾问费100万元捐献出来，设立奖励基金和科研基金，鼓励和培养年轻人。福建农业大学的一位博士后，开展多倍体水稻育种的探索性研究，但苦于经费不足，袁隆平得知后，专门拨出一笔科研经费，鼓励他取得成果。湖南省溆浦县有位高考落榜的女青年，摸索种桃树的新技术，给袁隆平写信求教，袁隆平回信予以热情指导，最终女青年培育出了被专家誉为“天下第一桃”的新品种。

我自己也来讲点故事。我一直都把学术梯队建设视为我学术生命的延续，多年来我积极扶植年轻学者，自1988年起，先后推荐两位不到30岁的年轻人担任北京师范大学发展心理学研究所的副所长。1999年，我58岁时，坚持辞去刚获得的首批全国人文社会科学基地主任职务，力荐优秀青年学者担任。年龄大了就要交班，早交班比晚交班强，因为早交班还可以看一看、扶一扶、帮一帮，这样才有利梯队成长、成熟，并形成“长江后浪推前浪，一浪更比一浪高”的局面。

甘当人梯，是教师应有的人生定位，“春蚕到死丝方尽，蜡炬成灰泪始干”是教师人生的真实写照。我的体会是：要做到甘当人梯，首先教师要耐住寂寞，低调做人，不事张扬，甘于奉献，以其科学的方法教导学生，以其人格魅力影响、带动学生；其次要耐得住清贫，吃得起劳苦，面对形形色色的诱惑，在思想上筑牢拒腐防变的防线，禁得住诱惑；最后要胸怀宽广，淡泊名利，以党的教育事业和工作大局为重，乐于看到别人的健康成长、不断进步，始终保持一种健康豁达的心态，要少计较自己的得失，将名和利看得淡一些，多为他人“做嫁衣”“当绿叶”。

五、教师与自我的关系

（一）以身作则

以身作则，就是教师要严格要求自己，要求学生做到的，自己必须首先做到，而且要做得更好，要“一举一动、一言一行，都要修养到不愧为人师表的地步”。在上一讲谈到的孙维刚老师，是“以身作则，要求学生做到的，应是教师从心底追求、用行动实践”的典范。1993 年 9 月 10 日，《中国初中生报》在第一版刊登了半版对孙维刚老师的学生的采访。其中有一小段，小标题是“老师罚站”，文中写道：“我们的老师身体不好，工作又那么繁忙，我们都知道。有一天老师因自行车在半路坏了，修车花了一些时间，上班迟到了，他自惭自责，竟然到了教室门外自我罚站！听着门外呼啸的北风，想着门外的老师，我们的心里，说不清楚是感动，还是难过。我们的老师就是这样，要求学生做到的，他自己必先做到。”

教师的以身作则，是为人师表的重要体现，它有很多表现，如遵守社会公德、尊师爱生、衣着整洁得体、语言规范健康、举止文明礼貌、作风正派等。被誉为“美国最好的教师”的雷夫·艾斯奎斯也是一位“以身作则、为人师表”的典型。艾斯奎斯是美国洛杉矶市霍巴特小学的五年级教师，自1981年大学毕业以来，他每天工作12小时，除完成官方课程的教学任务外，还教10岁的学生学习高等数学、阅读原版名著等。在课间教学生演奏吉他、打篮球和棒球，周末、假期经常给学生补课。他的以身作则让孩子们知道他真的很勤奋，感到自己也不得不努力。他从来不对学生高声说话，也不让他们丢面子。“我希望孩子们成为什么样的人，我就首先要做什么样的人。我希望他们成为友善、勤奋的人，因此，我必须是他们见到过的最友善、最勤奋的人。”在高中辍学率居高不下的洛杉矶，经他教过的学生大多读完了高中，不少人还进入了名牌大学。

教师本身是一部活的教科书，是学生心中最完美的榜样，这种地位和作用是由教师工作的“示范性”和学生所特有的

“向师性”决定的。“教师每天仿佛蹲在一面镜子里，外面有无数双精细、审视的孩子的眼睛时刻盯视着你”，这是教育家加里宁对教师以身作则的重要性的精辟论述。言行一致，是教师以身作则最重要的体现和要求。

我国著名教育家张伯苓先生，在一次修身课上，看见一个学生的手指焦黄，便说：“看你的手指熏得那么黄，吸烟对身体有害，应当戒掉！”学生调皮地反问：“您怎么也吸烟呢？”张先生一时无言以对。一会儿，他从怀里取出自己的长烟杆，将它一下子折断，宣布“从今以后，我和全体同学一起戒烟”。果真，张伯苓从此再也不吸烟了。张伯苓认识到了以身作则的重要性，以自己的行动给学生做榜样，使学生从内心深处认同老师的教育。只有教师处处以身作则、处处严于律己，用自己的实际行动教育学生，使学生对教师产生信任和敬佩之情，才能获得学生的尊重和认同，收到“此时无声胜有声”的效果。

要做到以身作则，教师首先要做到诚实正直、言行一致，凡是要求学生做到的，教师必须先做到，要求学生不能做的，教师必须坚决不做。其次要做到语言美，用美丽恰当的语言，感染学生、启发学生。无数教育家的实践证明，一个真正的教育者应当完美地掌握规范语言的各种表达方式，使自己的语言、思想、信念的教诲进入学生的心灵。再次要有整洁的仪表，如前所述，教师衣着要朴实大方，整洁得体，整洁中透着美观，大方中孕育着典雅，给学生一种尊严感和亲切感。最后要举止从容、端庄，有良好的站、行、坐、卧的举止。

要“言有教，动有法”，举止不轻浮，谈笑不放肆，总之，应该使自己的言行举止都具有教育意义，也为学生提供效仿的榜样。

（二）闻过则喜，改过迁善

“闻过则喜”是指当听到别人的批评时，感到高兴；“改过迁善”是指当知道自己的言行失当时，及时改正，有接纳批评和改正错误的胸怀和勇气。它们分别出自《孟子·公孙丑上》：“子路，人告之以有过，则喜。”《周易·益》：“君子以见善则迁，有过则改。”这是中华民族传统美德的重要组成部分，也是教师素质自我提升的重要途径。

世界上没有完美无缺的人，每个人都有自己的优点、长处，也有缺点或错误，克服缺点与发扬优点往往是相辅相成的。因此，教师应该经常自我反思，对照教育法律、法规和学校的规章制度，结合教育教学实践中存在的问题，敞开心扉、自我批评，查找自己存在的问题。同时要甘当“小学生”，放下架子，丢掉面子，诚心诚意从学生、同事、家长等的批评中汲取“营养”。善意的、正确的批评，要虚心接受，“闻过则改”；有出入的、有偏差的批评，也要耐心听取，“有则改之，无则加勉”。

“闻过则喜，改过迁善”更是处理师生关系、教学相长的道德基础。教师应该树立向学生学习的理念，因为作为学生，也许在知识上暂时不如老师，但在很多方面绝不比老师差，甚至远在老师之上。陶行知先生告诉我们：“我们要向小孩子学习，不愿意向小孩子学习的人，不配做小孩的先生。”乐意向孩子学习、懂得孩子心理、了解孩子愿望，能从孩子那里了解自己的不足并及时弥补的老师，才是好老师。

辽宁省实验中学特级教师沈辉，以唐代大学问家沈重为榜样，强调“真理面前师生平等”。沈重在太学授课时，徐旷跟其求学，但听了一阵课之后便悄然离去。人问原因，他说沈重没有讲出书里的奥秘，流于表面。沈重闻过则喜，主动上门来向徐旷求教，并进行讨论，大受裨益。沈重改过迁善的故事深深影响了沈辉老师，于是，在他授课时，一旦学生有好的见解或找出他的不足，他都加以肯定并采纳。有一回翻译俄文句子，其中有个词他译得不太精确，而一个学生译得更为贴切，他就予以采纳，并在全班同学面前表扬这名学生。由于这名学生的带动，沈辉老师的学生们都养成了好学深思的习惯。沈老师指出，孔子强调“当仁，不让于师”“知之为知之，不知为不知”。教师乐意向学生学习，教学相长，不仅提高了教学质量，而且师生之情也与日俱增。

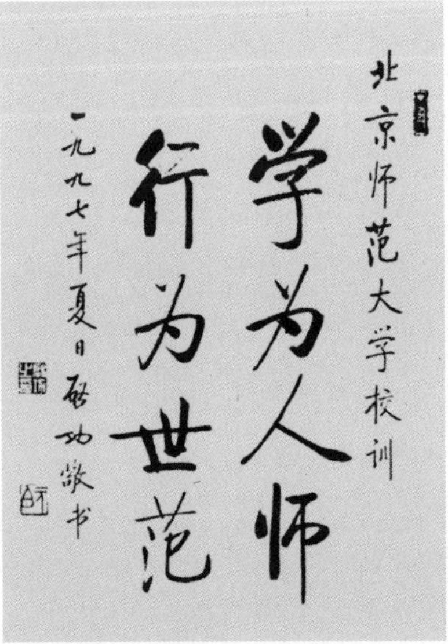

图11　学为人师　行为世范

第八讲

辨师责，高教基教有差别

我们在前面尽管也涉及高校老师的师德，但更多的是在探讨有关基础教育教师师德的话题，那么高校教师的师德又是如何体现的呢？本讲将重点论述高校教师师德的特殊性。

哈佛大学前校长科南特曾说过：“大学的价值不在于悠久的历史、宽敞的校园面积、漂亮的高楼大厦，真正的价值体现于教师的水平和办学者的素质。”是的，正如网上的一篇文章所写的：

> 哈佛校园里，不见华服，不见名包，不见化妆，不见着名牌的教授和学生，不见豪车接美女，更不见晃里晃荡的游逛，只有匆匆的脚步，坚实地写下人生的篇章。哈佛不是神话，哈佛只是一个证明，人的意志、精神、抱负、理想的证明。
>
> 有人称本杰明·史华慈是哈佛的一位类似东方的大儒，在他动过癌症手术的82岁高龄的时候，依然天天早上按时去办公室工作，即使有时要倒下。而他办公室里挂大衣的两个衣架，竟是用铁丝胡乱缠绕而成的。

由此可见，办大学，不仅讲究盖大楼，更需要大师。《辞海》对“大师”一词的释义为：一是有巨大成就而为人所宗仰的学者或艺术家；二是佛教徒对佛或大和尚的称谓。可见，大师的首要条件在德。以此推导，优秀的高校教师重在师德。我于此想谈谈自己对高校师德理念与实践的理解。

一、高校师德的特殊性

各行各业都有各自的职业道德。教师，无论高校教师还是基础教育教师，都有前面介绍的师德的共性要求：爱岗敬业、关爱学生、严谨治学、为人师表等。但是，高校教师和基础教育教师在师德要求上又有差异。例如，高校教师的教育对象大都是年过 18 岁的成年人，而且教学工作的内容更多涉及学术领域的问题，因此对高校教师而言，既要有高尚的道德情操，又要有扎实的学术功底，唯此才能成为合格的大学教师，承担起国家赋予的历史使命。我认为高校教师师德的特殊性主要体现在以下四个方面：

（一）高校教师师德以崇尚学术为基础

学术，是指有系统的、较专门的学问，高校教师的职业是钻研学术和教授学术，从事学术活动。因此，学术是高校教师的生命，崇尚学术、艰苦奋斗、一专多能并积极追求高学术水平是高校教师师德修养的重要表现。没有学术知识，没有学术思想，没有学术业绩，就会成为邓小平同志尖锐批评过的那样："还攀什么高峰？中峰也不行，低峰还有问题。"[①] 崇尚学术，就要求我们努力地在"德、识、勤、绩"四个字上下功夫。

（二）高校教师师德以培养杰出人才为标志

前面曾提到，培养出对国家有用的人才，这是衡量教师师德的根本标准。而高校教师必须要以为国家培养栋梁、造就杰出人才为己任。今天，我们必须认真贯彻党的教育方针，进一步鼓励营造创新的环境，努力造就世界一流科学家和科技领军人才，注重培养一线的创新人才，使全社会创新智慧竞相迸发、各方面创新人才大量涌现。所以，高校教师的师德理念应该是"培养出超越自己，值得自己崇拜的学生"。

不想超过老师的学生，不是好学生；不想学生超过自己的老师，不是好老师。高校教师必须将自己置身于科教兴国的行列，为中华民族伟大复兴的宏伟事业添砖加瓦，以培养人才、繁荣学术、发展先进文化、推进社会进步、扩大国际影响力为自己的职业内容，努力攀登科学高峰。

（三）高校教师师德以淡泊名利为行为准则

名利对高校教师有相当的吸引力，所以我们要坚持高校师德标准，讲求诚实守信、为人师表、淡泊名利。这绝不是说我们不要当一流专家，淡泊名利和当一流专家并不矛盾。

① 中华人民共和国教育部．邓小平教育理论学习纲要[M]．北京：北京师范大学出版社，1998：16.

在师范教育界，有句经典名言：“学高为师，身正为范。”一名大学教师不仅要身正有德，还要在不断提高自己学术水平的同时，远离名利。我认为名利伤志，应当淡泊自守。就像著名数学家陈省身先生说过的，做学问应不太关心名利，不要看重当院士、得奖一类的事。他说：“一个数学家真正有建树的工作，媒体是没法讲出来的。”嘉当（陈省身的导师、法国大数学家）62 岁才当选法国科学院院士。另一位伟大的数学家黎曼，他的一生没有得过任何奖。数学家主要看重的应该是数学上的工作，对社会上的评价不要太关心。①

2013 年诺贝尔物理学奖的两位得主，一位是 81 岁的比利时理论物理学家恩格勒，一位是 84 岁的英国理论物理学家、爱丁堡大学教授希格斯。获奖后希格斯通过爱丁堡大学发表声明说，希望他的获奖能让人们更加重视那些“看似没有什么实际价值”的基础研究。这就是把学术研究当作一种承担的大师的风范，也是高校教师师德的优秀典范。

高校教师应对社会负责，全心全意地为人民服务，为教育事业作贡献。

（四）高校教师师德以教育创新为前提

讲究师德，高校教师就要在自己的科研与教学中有创新意识。教育创新是中国教育改革发展的新阶段，目的在于应对教育内外环境的快速变化，理性、系统与全面地变革教育

① 国际数学大师陈省身：做学问的人应该淡泊名利[EB/OL].(2004-11-24).http://www.chinanews.com/news/2004/2004-11-24/26/509171.shtml.

观念、教育制度、教育模式、教育关系及教育评价机制，更快更好地提升学生的创造性素质，造就各行各业的德才兼备的创新型人才。今天在建设创新型国家的过程中，高校教师更要在创新人才工作体制机制的完善过程中，激发各类人才的创造活力和创新热情，开创人才辈出、人尽其才的新局面。所以，创新意识是凸显高校教师的学术道德伦理性和科学研究精神的关键。高校教师也只有贯彻教育创新，并在人才培养和科技创新中发挥作用，才能显现自身价值。

二、做学术道德的实践者

学科建设是高校重中之重的任务，而学科建设的核心在于教师队伍的建设。崇尚学术，谨防玷污，正是高校教师队伍建设，特别是师德建设的关键。学术是非常崇高而神圣的事业，搞学术必须遵循学术道德规范。玷污学术，学术失德，是高校教师的耻辱。因此，高校教师要积极探索学术道德的内涵，做学术道德的实践者。

（一）讲学术道德首先要讲献身科技、服务社会的使命感和责任心

高校教师，不管是从事自然科学研究还是社会科学研究，肩负的使命都是要认真落实我国的科技发展中长期规划，为建设创新型的国家作贡献。这几年在教育部表彰的师德模范或优秀教师中，有相当一批是高校德才兼备的院士、专家，

他们的一个突出的特点就是把其一切贡献给中国科技事业，全心全意服务于社会。为什么我国海洋科学、核科学领域取得了“零”的突破，大大提升了我国的综合国力和国际影响力？为什么我国航空航天领域的研究成果已经逐渐能应用到人类生活的各个领域？为什么我国医学领域在解决人类严重传染病方面取得了实质性的突破？这是因为有一大批又一大批高校专家，他们把献身科技领域看作高校教师应当履行职责的一项学术任务，拥有崇高的使命感和高度的责任心。

东南大学射频与光电集成电路研究所所长王志功的例子比较典型。在1997年归国前，他在德国已功成名就，连续参加多项政府项目、承担最前沿的攻关课题、发表多篇论文、申请多项专利。其妻子也取得了博士学位，一家四口其乐融融地生活在德国南部的风景名胜黑森林地区。然而，当他看到在重要的微电子领域国际会议上40年来没有一名直接来自中国大陆的报告人时，王志功心里久久不能平静。我国集成电路需求绝大多数靠进口，国内实际能开发的集成电路品种非常有限，已建的集成电路生产线很少有自主的知识产权，这极大地威胁着我国的信息网络乃至整个国家的安全。他强烈意识到，建立我国自己的微电子研究队伍，刻不容缓！1997年9月，王志功毅然放弃国外的优越条件，举家归国，全身心投入东南大学射频与光电集成电路研究所的创建和创新人才培养的工作。经过多年发展，射光所组建了一支具有高度凝聚力的创新团队，为我国微电子领域的教育、研究和发展作出了巨大贡献。[1]王志功的事例，体现了《高等学校教师职业道德规范》中提出的“服务社会”的要求：“勇担社会责任，为国家富强、民族振兴和人类进步服务。传播优秀文化，普及科学知识。热心公益，服务大众。主动参与社会实践，自觉承担社会义务，积极提供专业服务。坚决反对滥用学术资源和学术影响。”

（二）讲学术道德，必须有实事求是的科学精神和严谨治学的态度

学术活动是科学研究的活动，要老老实实，来不得半点虚假。尤其在今天，社会上出现不少掺假的现象，但是，学术就不允许有假货。当前，心理健康教育在我国高校中开展得相当“火热”，于是有些学者和媒体就加以炒作，危言耸听地把心理不健康的大学生的比例定为30%、50%甚至超过70%，以凸显心理健康教育的“重要性”。我国教育界确实在开展心理健康教育，但高校心理学教师绝不能把这类不真实、不客观的数据拿来抬高自己工作的价值。

作为教育部高校心理健康教育专家指导委员会的负责人，我通过深入细致的调研，在《中国教育报》上发表了《心理健康教育的路一定要走正》的谈话，指出大学生心理健康的是主流，纠正了在宣传方面的错误估计。我们这个心理健康教育指导委员会，在天津师范大学著名心理学家沈德立教授的主

① 王志功：以创新为使命[EB/OL].(2006-07-21).http://edu.china.com.cn/zhuanti/bbpx/txt/2006-07/21/content_7019614.htm.

持下，在天津师范大学举办了十期“高校心理教育骨干教师培训班”，并为高等教育出版社主编了一系列心理学健康教育教材和八本受大学生欢迎的心理健康教育学生读本。

高校心理学界教师们为什么这么做？因为高校教师要从师德要求出发，坚持真理、探求真知、做老实人、办老实事，自觉维护学术尊严和学者声誉。

（三）讲学术道德，就要自觉地树立法制观念，不做任何学术道德失范的事

最近，不少高校教师，包括少数学校领导因学术道德问题而断送了前程，这是惨痛的教训。为做一个合格的高校教师，培养国家需要的优秀人才，高校教师严于律己显得格外的重要。律己就是讲求学术道德、遵纪守法、为人师表，在言谈举止、做人做事中体现良好师风。著书立说是高校教师学术工作的需要，但高校教师首先要成为高尚师德的探索者和实践者，做到言行一致，知行合一。当前尤其要身体力行，反对学术腐败。例如，当我们与学生一起做研究，在学术成果署名时，千万别忘记学生的名字，甚至可以把学生的名字排在前面。又如，在我们发表研究报告、学术论文和专著时，要严格按有关规定将引用的别人的成果，清楚地加以标注。

2009 年，国家自然科学基金委的监督委员会在调查核实后认定，国内某著名高校教师吴某与贺某共同发表的四篇标注国家自然科学基金资助的文章，分别存在剽窃、编造数据以及一稿两投等严重恶性学术不端行为，造成了严重的负面

影响。监督委员会撤销了该基金项目，并取消两人的基金申请资格 5 至 7 年。两人原单位也给予他们开除教职和解聘的处理。尽管这个例子有些极端，然而它不断提醒我们：高校教师在学术研究中，自觉带头认真履行保护知识产权职责，尊重他人劳动和权益，是其师德的起码要求。

（四）讲学术道德，就要保证学术评价的公正和公平

这里我来举一个自己的例子。有人问我到底担任过多少次评委，我自己也回答不清，但我在这里实事求是地说，无论参与哪种类型的学术评价组织，首先我会保证公正和公平。例如，我曾是国家自然科学基金会神经科学与心理科学组的评委和召集人，我刚进组的时候，心理学每年能够获得的基金不到 10 项，经过几年的努力，后来每年增加到 30 余项。又如，我曾是国务院学位委员会心理学科评议组成员，我和我们组的其他评委一起，认为心理学是一个小学科，在任期间应该积极使够条件的单位成为博士点和硕士点，为推动中国心理学的学科发展提供学科建设的重要平台。在参与各种推荐、评审、鉴定、答辩和评奖的活动中，我都坚持了客观的原则，从不滥用学术权力，做到对任何个人或单位都照章办事，是不是自己学生一个样。可能是这个缘故，我在同行中，收获了一定的人缘、人气和人脉，从自己的内心来说，我追求的是高校教师的师德。

三、做廉洁从教的执行者

北京师范大学的校训为“学为人师，行为世范”。该校训对高校教师师德建设具有代表性的意义。“人师”“世范”的含义是“为人师表、廉洁从教”，具体地讲，它提倡以身作则、团结协作、廉洁从教、依法执教。

（一）坚持廉洁从教，就要顾全大局

党中央一再指出，着力加强反腐倡廉建设，并强调“加强团结，顾全大局”。第43届国际南丁格尔奖章获得者、中华护理学会副理事长、全国高等护理教育学会副理事长、国务院特殊津贴专家、福建医科大学护理学院院长姜小鹰教授，就是一位积极响应时代召唤、具有大局观的高校教育者。

在20世纪八九十年代，我国各地区护理专业教育的整体水平较低，不能满足日益增长的民众健康需要。1988年，由于工作需要，姜小鹰无条件服从组织调配，从医院调入福建医科大学进行护理学专业的创建和发展工作，开始了她护理教师的职业生涯。姜小鹰认为，教育是专业发展的基石，要促进我国护理专业的进步与发展，就必须把提高护理教育层次作为起点，发展高等护理专业教育。具有强烈开拓意识的她迅速转变角色，全身心地投入高等护理教育的学科创建和教学工作。高等护理教育在刚起步的时候，面临着种种困难和障碍。刚刚起步的护理专业被取消，她多方奔走呼吁；缺乏师资，她制订了护理专业兼职教师的培养目标和计划，建

立和培训了一支“双师型”教师队伍；缺少经费，她四处争取和筹集，并开展多种渠道的创收活动。

在30多年的职业生涯中，她从一个护士到立足于平凡岗位的护理教师，始终兢兢业业、勤勤恳恳地在临床护理、护理教育工作中奉献自己，并为福建省高等护理专业构建完整的专科、本科、硕士研究生、博士研究生等层次结构教育作出了巨大贡献。2011年8月26日，时任中国国家主席胡锦涛同志亲自为姜小鹰颁发了第43届国际南丁格尔奖章，她也成为我国第一位获得此项殊荣的护理教育工作者。她还把福建省人民政府、福建医科大学奖励给她个人的奖金和学科发展专项经费共40万元，都捐赠给了福建省“小鹰”护理基金，希望以此鼓励、支持福建省广大护理工作者及护理专业青年志愿者活动，为增进民众健康尽一份微薄之力。①

（二）坚持廉洁从教，就要甘为人梯、扶植后人

高校的发展需要加大力度培养、选拔优秀年轻的干部和学术带头人，健全创新人才工作体制机制，而老教师更要激发年轻人的创造力和创新精神，创设有利于年轻学者出精品、出效益、迅速成长的环境，开创人才辈出、一代更比一代强的局面。北京大学数学科学学院教授姜伯驹院士，就是一个“甘为人梯”的典型代表。

姜伯驹深感中国数学要赶上世界先进水平，希望在下一

① 为白衣天使插上“科技翅膀”——记福建医科大学护理学院院长姜小鹰[EB/OL].(2012-07-04).http://www.jyb.cn/china/rwfc/201207/t20120704_ 501264.html.

代身上。基于这样的理念，多年来，他始终把扶植年轻人的工作摆在第一位，对学生的研究工作给予最宽松的环境和最无私的帮助。为了学科发展和学生成才，他宁愿放缓自己出研究成果的步子，毅然把主要精力转向非常重要、但是并不熟悉的新兴学科——低维流形研究，引导学生向新兴方向探索，并取得了良好的成绩。他还一直强调要不拘一格地培养人才，以更科学、更灵活的管理方式代替当前高校的量化考评与简单化管理，为青年教师成长提供良好环境。

自20世纪70年代以来，他培养了数十名硕士研究生、博士研究生，倾注了大量心血，为国家培养了许多优秀的数学家，造就了国内拓扑学领域生气勃勃、后继有人的局面。他的学生王诗宬于2005年当选为中国科学院院士；段海豹、周青等也陆续从国际顶尖实验室学成回国，在教学和科研领域卓有成就。看到学生成为院士、获得大奖，姜教授打心眼儿里高兴。他说："教育、教师要为学生服务，这种服务不仅是当下，还要为学生未来成才服务，唯有学生的发展才是硬道理。"①这是对"甘为人梯"的最好诠释。

（三）坚持廉洁从教，就要牢固树立正确的价值观

高校老师要自觉遵纪守法，努力抵制各种错误思潮，正确处理个人与社会的关系，反对拜金主义、享乐主义。有什么样的老师就有什么样的学生，严格要求学生首先要严格要

---

① 姜乃强.北大教授姜伯驹院士："育人是我的第一职责"[EB/OL].(2010-09-08). http://www.jyh.cn/high/gjrw/201009/t20100908_387026.html.

求自己。

北京语言大学人文学院的梁晓声教授，是知名作家，同时担任民盟中央常委、全国政协委员。他就是一位特别具有社会道义感和历史使命感的高校教师。他深感于对学子们进行道德情感教育的重要性和迫切性，直接倡导参与了在全国高校中属于首创的“情感教育”课的建设。针对当前教育中人文素质培养严重不足的问题，以及中文教育受重视程度不断滑坡的现象，他不断发出呼吁，主张培养青年的人文素养和情怀。虽然不刻意在学生中培养作家，但要使广大学生成为善于用人文思想看待世界的人。这一言一行当中传递给学生、同事、社会的，都是高尚操守和正确的价值观。①

作为老师，要积极为学生树立榜样，在学术研究中勇攀高峰。即使取得了成绩，也不居功自傲，应把功劳归于自己的学术团队。北京师范大学发展心理学团队正是在这种精神的感召下，前赴后继，薪火相传，经过几代人二三十余年的努力，从无到有，从小到大，逐渐成为国内一流、具有国际影响力、拥有一个团结奋进教师群体的研究机构。老一辈人所传承下来的价值观念深刻地影响着新一辈。在我们团队中，先后三代人都有国务院学位委员会学科评议组成员，无论是谁，在申报博士点、硕士点的问题上，都能够严格遵守有关规定，秉公办事，廉洁自律。只有上梁正，下梁才能不歪，也正是基于这样的传统，我们的教师才能多带出一些务实清

① 梁晓声：是作家，更是高尚的教师[EB/OL].(2006-07-21).http://big5.china.cn/gate/big5/edu.china.com.cn/zhuanti/6bpx/txt/2006-07/21/content_7019633.htm.

廉的学生。

四、做严慈相济师爱的开拓者

在教书育人的实践中，我提倡实施“爱的教育”，即爱祖国、爱党、爱教育、爱学生。爱的教育集中地体现在“师爱”上，师爱是教师对学生的爱，它是师德的核心。但师爱不同于父爱、母爱、情爱。师爱出自教师的职责。在性质上，它是一种只讲付出不计回报的、无私的、广泛的且没有血缘关系的爱；在原则上，它是一种严慈相济的、一视同仁的爱。这种爱是教师教育学生的感情基础，学生一旦体会到这种感情，就会“亲其师”，从而“信其道”。因此，师爱就是“师魂之魂”。北京大学中文系的孟二冬教授，就是这样一位令学生“亲其师，信其道”的优秀教师。

讲几件孟教授的学生谈到的小事：孟教授常请学生去家里，亲自下厨跟学生们一起做饭做菜，边做边聊，在融洽的气氛中答疑解惑。当学生刚搬进新建的学生宿舍时，孟二冬担心有甲醛的污染，自己花钱给每个宿舍送了一盆郁郁葱葱的绿萝。孟教授看过的学生论文，几乎每一页都夹有小纸条，纸条上除了对论文的框架和立意提出建议外，还有对错字的勘误，常常比学生自己还要认真。当因病倒在援疆讲台上之后，他躺在病榻上，却一心琢磨着要把时间争分夺秒地利用起来，他向系里提出借用一间校内单身宿舍，以便与学生们随时交流。正如北大中文系主任温儒敏所说，“孟二冬对学生的关爱是非常自然的，是一种人格的流露，并非简单的职业要求”。[①]这些爱的点滴换来了学生的信任和追随，也实实在在地为当代教育工作者树立了典范。

（一）提倡师爱，要强调高校教师师爱的特殊性

同样是师爱，它对成年期的学生所涉及的内容和表达方式与对基础教育的学生有很大的差异。本科生和研究生的经历和生活，在人的一生中具有重要意义。因此，高校教师要处处关心自己学生走向人生成熟的问题，真正意义上“自主学习”的问题，如何热爱专业和迈向社会的问题，怎样去准备建功立业的问题。

不管是本科生还是研究生，他们在思想上、学习中和生活里都有不少困惑和困难，要引起我们的关注。对学生们的各种问题，我们应该从他们的年龄特征实际出发加以考虑，而且，我们不仅在他们求学期间给予关心，即使在他们毕业后仍然可以“跟踪服务”，全面关心学生的成长。

湖南大学文学院教授、博士生导师胡遂，被学生尊称为“美女博导”“妈妈老师”“湖大一姐”“心灵导师”“育人大师”。除了无与伦比的课堂魅力外，胡遂最特别的，就是她对学生细微而全面的关怀。十几年前，一个女生半夜来电，说是站在岳麓山脚下的一座高楼顶马上要跳下去，胡遂骑上单车飞奔过去，耐心相劝、及时打消她轻生的念头，如今这女

① 卢丽君.记北京大学中文系教授孟二冬（二）[EB/OL].(2006-01-26).http://www.eol.cn/20060126/3171873.shtml.

生已结婚生子，生活很是美满幸福。另一位大三女生，因失恋而痛不欲生。胡遂陪她在月光下散步，上下五千年、眼前海内外，谈了一个多小时女生还毫无感触。最后，当她们散步到小河边时，胡遂睿智地以“爱上小河是因为没有见过大海”这样一句话，让学生心结顿解，而这句话也在微博上广为流传。

胡遂广开第二课堂，教学生如何为人处世，如何面对挫折，如何像青松一样，有一颗紧紧扎根在山冈的强大的内心。感念于要咨询的学生太多，2008 年初，不太会打字的她开设了社交平台账号，发博文谈自己的人生感悟，回复学生的困惑。到 2013 年 9 月初，她已发表博文 100 多篇，点击量有 13 多万次。胡遂说，青春本就有一段躁动的时期，人人都不例外，加上现在社会价值多元、就业困难，难免青年学生心理问题比较多。做教师的，关键是要给学生以信心和鼓励。就像她的学生所说：“她就像太阳一样，总是把温暖传递给我们。”①

（二）提倡师爱，必须强调严慈相济，教书育人

要成才，得先做人。因为师爱是一种神圣的爱，是一种促使学生成才成人的真情。所以我们应坚持教书育人的做法——“严在当严处，爱在细微中。”因为爱，必须严，严是为了爱。所谓“严”，首要是“做人”，一流人才的基础是砥砺

---

① 一辈子做学生的心灵导师——记湖南大学文学院教胡遂 [EB/OL].(2013-09-09).http://hnews.xinhuanet.com/edu/2013-09/09/c_125349716.htm.

一流品性，发扬理想信念，传承艰苦奋斗、厚德载物的传统美德。

我们应注重学生的道德品质和思想政治教育，既教书又育人，全面关心学生进步，积极介绍优秀的学生入党。在遵守学术道德和科学精神方面，我们应要求学生不能随意更改任何数据，更不能抄袭别人的成果，要求学生从具体小事做起，把做人与学业发展结合起来。

中南大学的金展鹏教授是中国科学院院士、国际材料科学大师，著名的“中国金”。从教 50 余年，其中后 20 余年里，他一直因未能确诊的疾病而全瘫在床。然而他克服重疾，辛勤培养 50 多名博士和硕士，其中多人成为国际相图界的著名学者。金展鹏从事的是基础理论的研究，既没有可观的科研经费，又极难出成果。但是，这么多年来，一届又一届的优秀学生追随他，为什么？用学生们的原话说就是，他们跟随金老师，“不仅掌握了知识，更重要的是学会了科学的态度和怎样做人”。在给硕士研究生的热力学考试中，金老师只出了一个题目，却让学生考了 7 个小时，把所有的知识点都过了一遍，让他们充分重视基本功。为了测氧化物的相图，他整整两个月白天晚上都陪着学生，让学生切身体会到科研工作来不得半点浮躁。金老师还因学生“间接引用”一篇论文而直言批评，并在经费短缺的情况下令其赶赴沈阳、北京等地查找原始文献，核对数据。在美国通用电气干了 12 年、后任美国俄亥俄州立大学终身教授的赵继成说，自己就是受到金老师的感染，才放弃公司优越的工作，决定从事教书育人工作的。要报答老师对他的培养，把老师的精神传下去。[1]就在这一件件具体小事中，金展鹏用自己“严格”的爱，培养出一批先成“人”再成“才”的国家栋梁。

另一个爱在严处的例子，来源于西安交通大学能源与动力工程学院教授、博士生导师刘志刚。他在遵守学术道德、严防学术造假上，对学生有近于苛刻的标准。他坚持要求每个学生获得的数据，必须经过不同时间的三遍实验测量，否则数据就不能发表。[2]这样的严格把关，让学生的学术根基打得扎实，学术道路才能走得更远、更稳。

在教育学生学会做人的同时，又要教育他们立志成才，因为大学要培养出杰出的人才。在强调提高高校教学质量的今天，高校教师必须在学生业务上下功夫。

曾任多地战术教官、军事学院教师，1994 年进入重庆警察学院从事教学工作的刘开吉，40 年来始终坚持在教学一线培养学生成才。警察是一个特殊的行业，他们是和平时期为公众利益牺牲最多的群体之一。刘开吉深知其高风险性，因此更奉行“平时多流汗，战时少流血”的信条，坚决严把教学训练关，把对学生的真诚和爱心统统融入严格训练和严格要求。“导之以诚，尽力而为，学生每天能高高兴兴上班，平平安安回家，这一切全归功于警察教师所付出的努力和授予之技能与战术！”刘开吉遵循警察战术教学训练“综合分层、专

① 李伦娥.中南大学金展鹏教授：最大心愿是学生都超过我[EB/OL].(2011-09-17). http://www.jyb.en/high/gjrw/201109/t20110917_454282.html.

② 刘志刚：高尚师德如光[EB/OL].(2006-07-21).http://edu.china.com.cn/zhuanti/bbpx/txt/2006-07/21/content_7019544.htm.

业化、系统化、规范化、良性循环化”的特殊规律，采取“法律、战术、技术、心理、体能”五位一体的教学训练方法，按照优胜劣汰、适者生存的自然法则，采取情景模拟及案例教学等方法手段，让学生自己发现自身存在的问题，从而更好地解决问题，提升能力。在教学方法与手段上，刘开吉因材施教，采取“集中指导式”“研讨式”“答疑式”“情景模拟式”等教学方法，引导学生提出和发现问题，促进学生思考和形成问题意识。他还从实战需要出发，从难、从严训练学生，做到战训一致、教养一致。根据实战需要确定训练内容，尽可能逼真地设置近似实战的训练环境，多组织各种类型的对抗训练。[1]刘开吉以严格的教学训练，培养出一批又一批业务扎实、本领过硬的人民警察，为确保人民安居乐业、社会安定有序、国家长治久安作出了巨大贡献。

（三）提倡师爱，在这个感情投入与“回报”的过程中，教育实现了其根本的功能

如果问我“什么是最大的幸福”，我会回答：“我拥有世界上最伟大的财富——学生。”截至 2014 年暑假，我已经培养了 82 位博士，其中已有 50 人晋升为教授。他们有三个特点，一是业务上过硬，有的成为特聘教授、优秀学术带头人、国外名牌大学教授，包括长江学者或地方的学者。从 2004 年后，每次入选国家“百千万人才工程”的专家中，都有我培养的博

① 崇高而淡泊的警院教师——记重庆警察学校教授刘开吉[EB/OL].(2013-09-09).http://news.xinhuanet.com/edu/2013-09/09/c_125349580.htm.

士。我的学生，北京师范大学校长董奇教授，创建了我国第一个心理学国家重点实验室。二是具有综合素质，大多数学生既能做学者专家，又具有较强的行政管理能力，其中有两位已经成为全国人大代表，四分之一的学生已走上校级或厅局级领导岗位。三是做出了突出业绩，他们不仅具有优秀的学术才能，有的还具有创造财富的能力，成为拥有相当资产的企业家。

记得1997年，我校举行我的日本弟子山本登志哉博士论文答辩会，我再三坚持邀请日本驻华使馆一位领导赴会，最终来了总领事松本先生。我的用意很简单，就是要向外界宣告，和日本大学培养中国学者一样，北京师范大学也培养出了来自日本的博士生。山本回日本后非常努力，2007年，他在36名竞争对手中脱颖而出，成为名校早稻田大学的心理学教授。受聘后他给我写了一封信，信中写道：“如果您没有给我北京师范大学的博士学位，对我的研究没有给予各种各样的指导和帮助的话，我个人绝对不能得到目前的地位。”年龄大了一般不爱激动，但读了山本的信，联想到学生们的成长与成才，我心潮澎湃，深深体会到我是世界上最幸福的人。

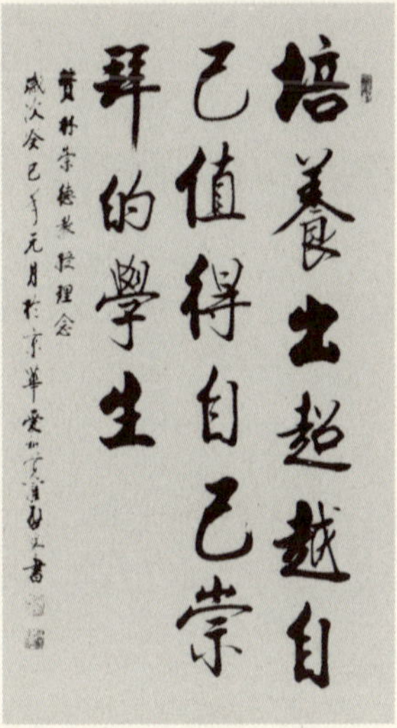

图12　培养出超越自己值得自己崇拜的学生

结束语

师德精神　代代相传

教师的事业，是教书育人。育人是为了使人们的心灵沐浴阳光，从而让人们在幸福中成长。这一切来自教师的师德精神。

我的师德观的形成，源于成长道路上的几位教师，基于他们的言传身教、榜样力量。

一、成长之路

我的小学阶段，是在家乡宁波市象山县石浦中心小学度过的。那时的我由于某些原因，经常被同学欺负。久而久之，我就产生了一个坏念头：我要打出一片天地来，我要和他们拼，我是“不要命的”，大不了豁出一条命去斗。即使会被打得头破血流，我也要捍卫自己的尊严，跟他们拼到底。后来我遇到了我的班主任陈庭征老师，他教会了我许多为人处世的道理。陈老师是浙江绍兴人，比我父亲还大几岁。他是位大学毕业生，专业是英语。先前在上海为英国人做翻译，因为一场反英的学生运动，他几经波折来到了我们小学教语文。他的语文课讲得非常有水平，除了高超的语文教学艺术以外，他还擅长与学生沟通。陈老师经常找我谈心，他坚持正面教育。有一天，他对我说起他为什么要学英语专业，他选这个专业的目的是要学习国外的先进东西帮助国家强盛。他鼓励我树立志向，为国家富强而好好学习，不要与身边的同学论短长。一个人如果没有远大的目标，就无进步的信心和勇气。这些话，我当时不是全懂，但从精神上磨炼意志、成才，为国家强盛而学习，这些信念正是从陈老师那里撷取来的。

初中阶段，我从宁波的一个城镇来到了上海，考入了上海市浦光中学。由于穿戴土气，初中一年级时，个别老师和班里同学看不起我，还给我起了“小宁波”的绰号。有一天，别的同学上课不遵守纪律，有位老师却冤枉是我，我不服气，和他顶了起来。他生气地说：“一碗清水我看到底，你一辈子也好不了！”我在前面特地提到，这类的气话有悖于陶行知先生的名言“你的教鞭下有瓦特，你的冷眼里有牛顿，你的讥笑中有爱迪生”。

初中二年级以后，班上来了一位新班主任，是一位大学刚毕业的年轻教师，他的名字十分响亮，叫张佛吼。张老师比我大九岁，他能深入同学，了解我们每个人的情况。他曾经对我们班里的同学说：“咱班里林崇德同学的成绩不错，但我仔细了解一下，是聪明吗？不一定！是他有着一股难得的刻苦精神。”这位新来的班主任，经常肯定我的点滴进步，并鼓励我积极靠近团组织。初中二年级，我入少先队还不到一年，班主任老师就鼓励我写入团申请书，希望我能成为一名光荣的中国新民主主义青年团（1957 年改称中国共产主义青年团）团员。1956 年 9 月，我在张老师的关怀下入了团。初中三年级，我们面临着毕业去向的问题，基于我的家庭情况，我想早点独立。我跟班主任老师说，我想考中专。考什么专业呢？在初中一年级的时候，我在语文书里读过一篇关于詹天佑的课文，我被这位伟大的富有爱国精神的铁路工程师的事迹深深感动，我想当个铁道战线的技术员，向詹天佑学习，说不定还能当个“现代的詹天佑”。于是我的志愿确定为上海市铁路中专。但是，1957 年，在我初中毕业期间，赶上了“反右运动”。上海取消了中专和技校的招生计划，我唯一能报的是普通高中和中等师范学校。面对新形势，我十分苦恼，为自己的前途担忧。这时我的班主任老师鼓励我说：“我已经看出来，你是我们班里颇有出息的学生，因为你刻苦、认真。我希望你考上海中学，在那里可以住校，按照你的家庭情况，说不定能申请到人民助学金，能供你吃饭、供你生活，我想这跟中专又没有什么两样。毕业以后，我相信你一定能考上大学，将来能够当一个出色的工程人员。”

就是我的班主任张佛吼老师关键时刻的一席话，指引了我人生的道路。现在回想起这位班主任，我就想起心理学中的皮格马利翁效应。在我的班主任张佛吼老师眼里，没有教不好的学生，他相信自己的学生一定能进步，一定能成才。老师的期望和暗示，成了推动我前进的强大力量。就这样，在班主任老师的指引下，我以九取一的优异成绩考上了上海市著名的中学——上海中学。

记得 20 世纪 90 年代末，一次到上海，我和张佛吼老师约好，说我想去看看他。因恰好有事，我最后不能如约去看张老师，我请我当中学教师的弟弟把一份礼品送到张佛吼老师那里，还带去我给张佛吼老师写的一封信。信中写道："张老师，您还记得一个个儿不算太高，不太聪明，但您却认为最刻苦的学生吗？我是您的学生林崇德。在您的关怀下，我当年考入上海中学。现在又在您的关怀下成为您所期待的人。今天上午，我走遍了整个南京路。偌大的南京路，都难以挑出一样能够配得上送给您——我的恩师的礼物。后来，我进了卖宜兴陶瓷的商店，我买了这个商店里我认为最好的一套陶瓷杯、陶瓷壶。老师，我为什么要呈上瓷壶瓷杯呢？因为老师您谆谆教导着我们这些学生，您这一辈子说的话太多了，老师，您需要多喝水，瓷壶瓷杯就方便您喝水。祝老师长寿！您的弟子崇德顿首。"

我在上海中学度过了高中阶段。上海中学是一所于 1865 年建成的老校，如本书第四讲所述，它坚持"明、严、实、高"的校风，带动了"严谨、创新"的教风和"严实、奋进"的学风，形成了"精研、勤学、团结、进步"的优良传统和学校精神，深刻影响和激励了一代又一代人成长、奋进，由此也成为今天"全国一流，国际著名，教育高质，管理高效"的示范校。在这里，我度过了难忘的高中阶段。上海中学影响我的首先是学校精神，这个学校要求学生树立远大的目标，在思想上灌输一流的意识、时代的意识、国际的意识，使学生具有爱国心、责任心、适应性和创造性，最终成为各行各业优秀的人才。正因为如此，上海中学的毕业生中，才会如第四讲所讲到的涌现那么多的优秀干部、创新人才和科技精英，这都要归功于这个学校的精神。

更重要的是，对学校的感情归根结底还是对老师的感情。因为上海中学有好校长，有一大批好老师。前文提到，初中毕业时我想考铁道中等专业学校，想当一个现代的詹天佑。我考入上海中学以后，从高中一年级到三年级，我的信念都是要考上海交通大学或唐山铁道学院（今西南交通大学）。要学习詹天佑的精神，为国家建造更多的像南京长江大桥那样的伟大工程。但是，这种理想在后来悄然发生变化，这受到我的班主任孙钟道老师的很大影响。特别是孙老师在 1960 年 3 月份上的一次物理课，给我很大触动。

一天上午，班主任孙钟道老师来上物理课，当时上课的典型模式是，老师先提问上一节或上几节课的一些内容，然后让学生回答，回答以后老师打分，再开始讲新课。可是我们班有位同学没能很好地回答孙老师的提问，这个时候，年近花甲的上海市劳动模范孙老师感慨万千："同学们，再过几个月，你们就离开学校了，我希望你们能成为国家的栋梁。若干年以后，当我看到你们每个人都取得了成就，那便是我当教师的人生最大的欣慰和幸福。如果你们中间谁做了一点对不起国家，对不起人民的事情，那就是我最大的不安，最大的惭愧。"忍泪说到这儿，孙老师已经激动得说不下去了，他拿着板擦转身去擦黑板，想掩饰一下他当时激动的心情，可是黑板上没有写下一个字，他又回过头来，眼里含着泪花，艰难地说："人之失落，啊！学生不争气，会让老师感到耻辱。"

那一刻，我脑海中闪过一幕幕老师教导、关怀我的场景。记得高二时母亲患重病，正逢兰州铁路中专招插班生，为了省点钱给母亲，我竟申请转学去兰州。孙老师给我讲了许多忠孝的道理，并向我指出，他对我有很高的期望，希望我能够完成在上海中学的学业，然后考上我自己梦寐以求的上海交通大学或唐山铁道学院，将来真正能够实现自己的夙愿，成为一位詹天佑似的人，对国家作出贡献……那一刻，当听完孙钟道老师的一番感慨，我联想到自己的成长过程，比较了詹天佑这样的桥梁隧道工程师与孙钟道老师那样的人类灵魂工程师，对于人类发展的价值。

那一刻，在我刚度过 19 岁生日的心灵深处，留下了永不消失的印记，使我改变了自己的志向，决心要当一位像孙老师那样的老师，当一位杰出的教育家。就这样，我在当年升学考试的 23 个志愿上，全部填写了“师范”，并且以优异的成绩考入了第一志愿——北京师范大学教育系心理学专业，从此为我自己的教育生涯拉开了序幕。

我在北京师范大学度过了我的五年大学生涯。在这期间，有好多优秀的老师对我影响颇深，其中一位就是我后来的导师，也是我终生难忘的心理学的引路人——朱智贤教授。朱智贤教授（以下称朱老）是整个心理专业乃至教育专业领域备受尊重的教授之一。朱老的两种重要精神一直指引着我前进。

首先，朱老非常注重培养学术梯队。他多次提出：“培养学术梯队是学术带头人的生命延续。”是啊，能够带出一流的学术队伍，使学术带头人的学术事业永葆一流水平，应该是学术带头人最大的幸福。2008年春，在纪念我的恩师朱智贤教授百年诞辰的大会上，不少媒体的记者向我提出一个问题：“学术的发展靠什么？”我毫不犹豫地回答：“靠人才，靠接班人，靠学术梯队！这样才能代代相传，使老一辈未竟的学术事业滚滚向前，蓬勃发展。这也是我恩师对我的教诲。”

朱老的学术影响之所以这么大，就是因为朱老注意培养自己的学生，不忘时时提携后辈、扶植后人，注意到代代相传的大事。从他的思想中，我体会到一个学术带头人，不仅应关注自身的未来发展，而且应加倍甚至数倍地给予学生关心，促使他们成长。越有声望的学者，他越应该甘当人梯。因此，教书育人，带出一流的学术队伍就是我终身为之奋斗的目标。

其次，朱老严谨治学的师德精神一直激励我、鞭策我。大学期间，朱老是唯一批评过我的老师，并且批评了三次，每次都十分严厉。其中一次是因为作业字迹潦草，出现错别字。朱老向我严肃地指出：“大学生写错别字还行吗？我在上中师时都出书了！文如其人，字如其容。一篇文章可以看出一个人的德行，一手好字可以展示一个人的颜容。俗话说，见字如见人嘛！”从中我体会到，表扬是一种爱护，批评也是一种爱护。

朱老一生不断追求“创新”，努力突破自我，完善自我。可以说，朱老最大的特点或学术思想的核心就是“创新”二字。正因为如此，他被称为“中国心理学星空不落的巨星”。早在1982年10月，杭州大学（今浙江大学）前校长陈立教授在收到恩师的《儿童发展心理学问题》一书后，给恩师来了一封热情洋溢的信。信中有这么一段话："新中国成立后，心理学界能就一方面的问题成一家之言者，实属少见。老兄苦心深思，用力之勤，卓著硕果，可谓独树一帜。"这"独树一帜"就是创新。

朱老在中国发展心理学史上有若干个"第一"。例如，他出版了新中国第一部儿童心理学著作，主持了第一个"中国儿童青少年心理发展与教育"的国家哲学社会科学重点科学研究项目，创办了我国第一个发展心理研究所（北京师范大学儿童心理研究所），创办了我国第一本发展心理学与教育心理学的学术期刊《心理发展与教育》，培养了我国第一位教育学（心理学）博士，等等。他为我们这些后辈树立了优秀的榜样，激励着我们去创新、去开拓。

正是老师们高尚师德的关怀和熏陶，使我继承、形成了自己的师德观，并在多年教学生涯中进行了师德行为的实践。

二、我的师德观

我的师德观就是在这本小册子中突出的八个字："师业""师爱""师能""师风"，它们构成统一的、缺一不可的师德结构。

（一）师业

培养出国家需要的优秀人才，是衡量教师素质的重要标准。基于这样的理念，我在自己的人生字典中首先给师德加上“师业”的注解。如前所述，师德的实质就是教育事业的“业”字；师德体现的就是对教育事业及其社会地位的认同、情感和行动。这就是师德的第一个表现：“师业”。具体来说，即敬业意识、乐业意识、职业规范意识和勤业意识，也就是爱岗敬业。爱岗敬业有着十分丰富的内涵和外延，在多年的教育实践中我体会到：教师工作不应作为养家糊口的谋生职业，而应该是教书育人的终生奋斗目标。上述我的几位老师都是这样做的，我也按照这个榜样的模式去践行爱岗敬业的精神。在我培养的博士中，有 62 位已晋升教授，其中 6 位是长江学者特聘教授。在培养学生的过程中，我有几点深刻的感受：一是博士点的学科建设，“硬件可达，软件难求”，硬件的建设具有短期性、可预测性，而软件建设却具有长期性、艰巨性，博士生导师本身的修养和博士生的质量是软件建设的关键。二是当老师的，要树立“创造出值得自己崇拜的学生”的观念。不想超过老师的学生不是好学生，不想学生超过自己的老师不是好老师。永恒的事业，创造自己崇拜的高足；沸腾的脑海，振荡着“秀才培养出状元郎”；终生无悔的追求，开拓出“青出于蓝而胜于蓝”的格局；永不消逝的志向，展示了“长江后浪推前浪，一浪更比一浪高”的局面。这是我当年填报高考志愿时写下的理想词，也是我为之奋斗大半生的真实写照。我从不认为“教会徒弟，饿死师傅”，而是衷心希望我的学生能够超过自己，也希望我学生的学生能超过我的学生。因此，教师的职责就是培养人才，这是我提出要做到责、权、利统一的来由，忠诚于党和人民的教育事业是我对责、权、利三者关系的切身感受。

（二）师爱

我是在自己老师的关爱下成为一名人民教师的，因此，从我踏上教育战线的第一天起，就把关爱学生看成是师德的核心。因为没有爱就没有教育，对学生无私的“爱”就是师德的灵魂。师爱，既体现在“细微中”，又体现在“生死时”。

我曾做过13年中小学教师，我曾冒着生命危险抢救过学生，也曾冒着丢职的可能“包庇”过学生。

2004年2月22日是我最高兴的一天，因为在这一天，我在中学当第一任班主任的班级中的近30位学生到北京师范大学来看望我。我在聚会教室的黑板上写了两行字：“茶话半天叙别情，教书一生聚知音。”就在茶话的过程中，我的学生、北京市东城区前副区长、原新奥集团总经理（奥运会场馆建设总指挥）王建清谈起一桩我早已记不起来的往事，他说：“‘文革’初期，我父亲作为公检法系统的一位基层干部被当作‘走资本主义道路的当权派’给‘揪’了出来。自己尽管上了初中，但顽皮贪玩，在一次下乡劳动中犯了错误，当地的贫下中农把我当作‘反革命分子’押送到林老师那里。当时可把我吓坏了，我父亲的问题还没有定论，我妈没有工作，万一自己又当了‘反革命分子’，我的弟弟妹妹怎么办？那天，林老师当着贫下中农的面把我狠狠地‘教训’了一顿，可在那之后从不提起此事，过了好一阵子，我才放心了……我后来一直在想，如果我后来被打成了‘反革命分子’，作为事业干部编制的林老师就是‘包庇反革命分子’的‘坏人’；如果我被关押，林老师的教师职务还能保得住吗？林老师那一次对我的保护，让我终生难忘。”

他说得非常激动，我隐隐约约回想起来。不少学生证实确有其事，并说了许多我关爱他们的实际例子，绝大部分事情我均已忘记，他们却牢记心中，这让我在感动、激动之余，还体会到一个理念——“没有爱就没有教育”，这是千真万确的真理！教师对学生点点滴滴的爱是多么的有影响力！为人之师，就得保护和爱护学生，哪怕自己做出很大的牺牲。

前文曾经说起，20 世纪 80 年代中期到 90 年代初期，我先后派 16 位博士研究生出国联合培养或当访问学者，其中 15 位学生按时回国。这个“感情投资”本不值得报道，《中国教育报》竟发表了《他像一块磁铁》一文。是的，我把自己的整个身心都扑在培养学生的工作上了。可以说，我投入学生身上的精力胜过投入自己孩子身上的精力，致使我的独生儿子在其著作的“后记”（1997）中写下下面一段话：“从当今的社会价值观念来看，父亲实在太不值得。他总是强调他的事业心，也就是作为一名教师，他把热爱学生看作是他事业的核心。他一直倡导对其学生‘感情投资’，使他的大部分精力都被牵扯进去，以至于母亲笑他说：‘你应该把家搬到单位里去，为你的学生当牛做马。’从一开始，我就不想也不应该去要求分享这份神圣的感情，事实上他也不可能在我身上花太多的工夫。但作为他的儿子，我是十分理解的。”今天已过耄耋之年的我，重温这段话，似乎有点伤感。我不是一个合格的父亲，但我敢说，我是一个合格的人民教师。

我和所有的优秀教师一样，同感没有爱就没有教育，失去了对学生的爱，教师也就失去了人生的乐趣。教师的爱是一种强大的力量，它不仅提高眼前的教育质量，也会促进学生的成人和成才，即会影响到学生的身心的发展、人格（个性）的形成、职业的选择、人生道路的转变，甚至会影响其毕生。因此，我还是倡导教师应把整个心灵奉献给学生，将神圣的师爱均匀地撒向每一个学生，以感染他们、改变他们、教育他们、造就他们。

（三）师能

自古“名师出高徒”。对我自己有影响的老师们个个都是教学能手，朱智贤教授更是著名的科学家，这是我把师德的第三个表现称为“师能”，也就是“严谨治学”的理由。“一桶水和一杯水”，是教育界对教师业务水平与学生知识水平之间关系的形象比喻。

我是心理学专业出身，从心理学的角度出发，以高校教师为例，我认为其威信直接取决于其教学水平和科研成果。我也经常用这句话激励和要求自己。我深深地领悟到，把专业课讲好、讲活，其背后除了有作为一名教师数年甚至于几十年如一日对教学艺术的执着追求和大胆实践外，更离不开教师在教育教学研究领域多年的辛勤积累。所以，我每次上讲台，学生会对我说：“听您的课是一种享受。”

几十年来，除了教学，我把所有的时间和精力都投入发展心理学的研究领域。一方面，我从事基础研究，把自己的思维结构观点推向国际学术界，产生了较大的影响。为使各项研究有科学的实验支撑，1985 年 5 月我协助朱老，白手起家创建了北京师范大学发展心理研究所，并长期担任所长职务(1985—1999)。经过数十年的艰辛发展，研究所从小到大，如今已成为国内一流、国际上有声望的发展心理学研究实验单位，可以说，在这一阶段研究所实现了跨越式的发展。1999 年被评为教育部首批 15 家人文社科重点研究基地之一，在 2015 年教育部的 154 家人文社科重点研究基地评估中，该所成为全国第 2 名，2002 年在国务院学位委员会组织的全国高校国家级重点学科评审中，以我为学术带头人的北师大心理学，就是以发展心理学二级国家重点学科为基础展示成果，受到评审专家一致的高度评价，全票获评为全国心理学界唯一的国家级一级重点学科。另一方面，我也着手于应用研究，把思维理论应用于提高中小学教育的质量上去。从 1978 年开始，我进行了学生思维品质培养的实验，到 20 世纪末，已在全国 26 个省市建立了 3000 多个实验点，受益教师 1 万多人，受益学生 30 多万人。我领衔完成的“中国学生发展素养”是对党的教育方针育人目标进行细化和具体化，成为我国高中和义务教育课程标准修订的基本依据。

由此可见，“师能”是党要求教师具备的“业务能力”，它是教师顺利完成任务的知、识、才的保障。

（四）师风

我接过自己老师手中的教鞭，更从他们身上学到了“师风”，这构成我师德观的第四个重要内容。它的含义很清晰，即教师如何为人师表。北京师范大学的校训“学为人师，行为世范”，点出了为人师表的真谛，它不仅是本校师生的行为准则，而且是所有要成为“人师”者的师德规范。实践这一校训就是提高师德、为人师表——“师风”的表现。在第七讲中，我也从教师与社会、职业、集体、学生、自我的五大关系中，详细阐述了师风的内涵，究其本质，师风可总结为十六个字：爱国守法、团结协作、终身学习、廉洁从教。

我将廉洁从教看得很重，视为师风或为人师表的关键。当今时代，廉洁从教显得特别重要，可以这样说，老师的一举一动、一言一行，学生都看在眼里、记在心里。这些要么会决定老师你的威信，要么会决定你的学生是否会长期和你保持密切联系，要么会决定你能不能成为学生心目中的表率。

在廉洁从教方面，我坚持“君子爱财，取之有道”。我从不收在读学生的任何礼物，有人曾经给我寄来一点土特产，我都是折成钱加倍寄还。虽然这样看起来不太懂人情，但十分必要。作为高校教师，我不会接受影响本职教育教学工作的兼职，即使应邀外出讲学，我也自觉地交个人所得税，并且退还按当地标准多给我的报酬。20 世纪 90 年代中期开始，我当了十几年国务院学位委员会学科评议组成员，但拒绝收受与自己职务工作相关的单位送来的任何钱财和礼物。还有一些中小学，请我指导他们的教育教学，我也基本不收什么钱和礼物。我跟他们说，我是来自基础教育界的，我曾经在中学工作了 13 年，我热爱并理解中小学教师的工作。

我的行为影响了我自己的学生，也影响了我自己的家人。记得 2004 年国庆长假期间，我们全家五口人，在我父亲病危的时候回上海看望。父亲看到曾孙子的到来，由他牵头，太爷爷、太奶奶、叔爷爷、姑奶奶等给我孙子红包，我那不到四周岁半的孙子竟噼里啪啦地把红包扔在地上，生气地说："谁要你们这些东西，我们家从来不能够收这些红包！"在上海人口研究所工作的我的小妹妹说："别人都说我大哥廉洁，从小孙子这个举动中，我看大哥的廉洁是真的，小孩子是不会说假话的。"我始终认为，只有上梁正，下梁才能不歪，超越自己的品学兼优的学生才能不断涌现。

以上，就是我师德观的缘起和主要观点。书稿快要搁笔，我内心依旧感慨万千。千言万语，汇集成一句话：师德精神，代代相传！

图13　2014年，作者与学生们召开学术座谈会

三、师德培训的研究

2017年8月，我接受教育部教师工作司委托课题，研究中小学教师师德及其培训问题。我把课题分为四个分课题：教师政策的研究、师德或教师道德规范国际比较的研究、社会对教师期待的研究、师德修养培训课程的研究。经过一年多的研究，2018年9月，教育部教师工作司组织专家鉴定通过，并发给研究团队采用的证明。2019年《北京师范大学学报》(社会科学版)发表了相应的研究成果，即四篇学术论文，其中有我与黄四林、周增为、王文静、刘霞的论文《中小学师德修养培训课程指导标准的研制》。

我们认为，为深化中小学教师队伍建设和培训改革，整体提高新时代教师的师德师风水平，研制《中小学师德修养培训课程指导标准》是当前一项紧迫且重要的任务。基于理论分析、政策梳理、国际比较和社会调查的研究成果，我们提出了师德修养培训课程指导标准的框架。该框架以习近平总书记提出的“四有”好老师为培训目标，具体涵盖了12个二级指标和31个研修主题。依据上述培训目标，围绕每个研修主题，我们构建了三个层级的师德培训课程内容，并从统筹规划、优化方法、完善评价机制三个方面对师德修养培训的开展实施提出了具体建议。

(一)指导标准研制的总体设计

总结归纳师德形成的内在规律与培养的特殊性，是研制科学的课程指导标准的前提。在前期文献资料梳理过程中，我们发现与学科培训课程指导标准相比，师德修养培训课程指导标准的研制面临着三方面的独特性。首先，具体学科均有明确的课程标准和教学大纲，这使得教师培训具有科学依据与针对性，但是师德没有与之对应的课程标准和教学大纲，甚至师德的内涵与表现在社会和学术领域仍然存在争议，不够统一。其次，具体学科更倾向于知识和技能，可以根据具体情况清晰划分为不同水平并进行有针对性的培训与提升，而师德是属于道德品质层面的，是一种道德价值判断，其水平高低的划分极易与品德好坏混淆，对个人或整体造成负面影响。最后，师德的形成与发展具有自身的规律，既要明确行为规范与失范的标准以保障和促进师德水平提升，更要鼓励教师自我修养，形成自我约束、自我激励的内在机制，以具备崇高师德为追求目标。从根本上说，师德是践行的结果而不是单纯的口头表述。因此，指导标准的研制首先需要梳理师德的内涵与结构，然后才能据此开展课程内容的遴选与分类。

鉴于上述思考，我们确立了以“四有”好老师为指导思想构成基础，重点解决三方面的问题：明确师德的内涵，建构师德的框架与指标体系，研制师德修养培训课程指导标准。研制指导标准的思路与方法，主要包括四个环节：顶层设计、师德框架研究、指导标准研究以及整合与验证。四个方面相互衔接、相互支撑，贯穿整个研究过程。其中，顶层设计提供宏观指导，制定研究整体框架与指导思想，协调各部分之间的信息沟通和共享，并组织指导标准的整合与验证。师德框架研究集中探讨我国文化背景和国际教师专业标准中师德的内涵与结构、我国中小学教师职业道德规范的政策梳理、教师职业道德内容与培养的国际比较和社会群体对师德的要求与期望四个方面，为指导标准提供直接的理论指导与实证支撑。指导标准研究坚持以“四有”好老师为目标导向，基于师德发展自身规律，自上而下地细化出师德框架内容。然后，基于师德框架内容，结合师德理论、政策梳理、国际比较和社会调查所提供的具体师德指标与表现，确定指导标准的研制理念，具体化培训目标，遴选研修主题与课程内容，提炼标准实施建议。最后，针对指导标准的有效性与合理性，我们邀请了相关课程与领域专家、一线教师、教师培训专家与教育管理人员等进行研讨与意见征询，并根据其建议进行了修改与完善。

（二）指导标准的基本理念与框架内容

坚持以“四有”好老师指标体系为标准，制定目标导向和实践导向相结合的框架内容，遵循师德发展规律，注重教师成长需求，分层、分类设置有针对性的研修主题。

1.基本理念

（1）价值引领，确保方向

培育教师树立正确的历史观、民族观、国家观和文化观，将社会主义核心价值观的认同与践行贯穿于师德养成的全过程。引领教师坚定中国特色社会主义道路自信、理论自信、制度自信和文化自信，引导教师增强政治意识、大局意识、核心意识和看齐意识，推动教师成为先进思想文化的传播者和中国共产党执政的坚定支持者，确保教师以“德”为核心的正确发展方向。关注教师职业生活品质，发扬教师的人格魅力、学识魅力和职业魅力，使教师切实成为学生的“四个引路人”。

（2）遵循规律，培育师德

师德修养应坚持以人为本，心中有教师，注重师德养成的规律以及不同教师发展的特点。个人品德的发展是师德的基础，师德是超越个人品德的更高境界。新时代教师不仅需要具备作为一个公民应当具备的良好个人品德，更应当对自己的身份、职责、能力有清醒认识，加强师德的自我修炼，形成一种自我约束、自我激励的内在机制，并作为主体积极参与师德教育的全过程，在道德认知、道德情感、道德意志和道德行为四个方面提升自我。师德教育应遵循教师整体发展基础上的师德养成规律和内在逻辑，引导教师以德立身、以德立学、以德施教、以德育德，启发教师不断提升道德修养和道德智慧，并践行于教育和生活之中，贯穿于教师职业生涯的始终。

（3）学生为本，立德树人

师德发展的最终落点在于促进学生的全面发展和健康成长，教师以“立德树人”为根本任务，更好地担当起学生健康成长指导者和引路人的责任。教育学生是教师的首要任务。确立高尚师德是教师育人能力发展的关键，提升教师育德能力是促进师德发展的内在引擎，也是教师专业能力全面要求的内在意义。师德培训旨在帮助全体教师深刻认识、科学把握学校各项工作的育人功能和育德价值。学科教学是师德对学生产生影响的重要途径，师德培训要科学引导教师以学科本体认识为突破口，合理挖掘教学内容和载体所蕴含的德育元素，实现学科教学中的德智融合，做到以树人为核心，以立德为根本。

（4）学思践悟，知行合一

师德教育应当符合教师成长规律和教师培训工作特点，坚持“四个相统一”。师德培训应当讲究方法的科学性、形式的多元性以及教师的主体性，不应成为一种“灌输”，不应是搬弄概念、照本宣科。应当准确把握不同教师群体的特点，包括年龄差异、教龄长短、学科差异、区域差异和层次差异等，强调案例培训、实践体验、浸润式研修，培育教师的自主学习、合作学习和研究性学习的能力和创造性，启发教师要“学出来、悟出来”，更要“做出来、传下去”，引导教师知行合一。“师者，人之模范也。”通过课程修养，激发教师道德自觉，坚持自我约束与崇高追求，成为年轻教师和学生的榜样。

（5）系统设计，分类实施

师德培训的对象为全体在职在岗中小学教师，师德培训应当做到学科全覆盖，岗位全覆盖，构建一个师德全员培训体系。根据教师群体的整体特性，系统规划和设计“线上—线下”融合的师德培训课程；根据不同教师群体的特点和岗位等实际情况，分层、分类开展有针对性的师德培训；基于跟踪、调研、观察和分析，按照培训过程中教师学习的积极性、深入性和实际获得情况等，设计能够满足不同层次需求的课程，增强培训的针对性，促进不同教师群体职业道德素养的整体提升。

2. 框架内容

在师德理论、政策研究、国际比较和社会调查研究的基础上，我们提炼出了中小学师德培训课程的内容框架。以“四有”好老师为目标导向，结合国内外中小学教师师德理论与调查研究成果，分别提出 12 个二级指标。其中，有理想信念包括爱国爱党、爱岗敬业、乐于奉献；有道德情操包括为人师表、团结协作、廉洁自律；有扎实学识包括严谨治学、科学施教、与时俱进；有仁爱之心包括以人为本、关爱学生、公平公正。从二级指标分别或交叉细化出 31 个研修主题，围绕各研修主题设计相应的课程专题（见表 3）。

围绕每个研修主题，我们构建了包含A、B、C三个层级的师德培训课程。其中，A类层级，是必修的通识性、基础性课程；B类层级，是基于教学资源综合运用的拓展性、体验性课程；C类层级，是以问题探究为出发点的专题化、特色化课程，有利于发挥教师在某一领域的专业特长和创造性。三个层级的课程尤其是B类和C类课程的建设，各地可结合本地实际，自行设计，互相借鉴，资源共享，同时充分发挥教师个人的经验与优势，鼓励师德教学改革与经验分享。

（三）指导标准实施建议

为充分发挥指导标准的作用，各培训单位需要有效地指导教师制定符合个人实际的师德修养规划，不断提升教师的

表3 中小学师德修养培训课程指导标准的框架内容与研修主题

一级指标	二级指标	研修主题
理想信念	爱国爱党	国家认同
		价值观念
		中华文化
		国际视野
	爱岗敬业	教育理想
		守护生命
	乐于奉献	诲人不倦
		生涯规划
道德情操	为人师表	道德榜样
		行为示范
		人文素养
		人格魅力
	团结协作	集体意识
		师生平等
		同伴合作
		家校协同
	廉洁自律	遵纪守法
		诚实守信
		严于律己
扎实学识	严谨治学	实事求是
		精益求精
	科学施教	遵循规律
		因材施教
	与时俱进	勤于反思
		实践创新
仁爱之心	以人为本	尊重学生
		理解学生
	关爱学生	严慈相济
		关怀入微
	公平公正	一视同仁
		处事公正

精神品格与道德智慧，促进教师生命成长和终身发展，成为“四有”好老师。

1.统筹规划师德培训

师德培训工作的顶层设计和精细指导是实施师德培训工作的首要任务。根据教师专业发展规划，在充分、扎实调研的基础上，培训单位要宏观研究制定满足不同教龄和水平层次教师（新任教师、一般教师和骨干教师）发展需求的师德培训方案，整体架构师德培训内容，注重课程的系统设计和前后衔接，把师德培训工作全面纳入教师职务培训、骨干教师培训、名师名校长培训、培训者培训等各项培训之中，把师德培训纳入教师专业发展的全过程。此外，各地区教师培训机构要基于本地区已有师德培训的成功经验和研究成果，自主开发和细化师德培训课程，尤其要体现地区、学校特色，要落实培训课程的各类课程，进行自主探究和创新。

根据教师培训主题及专题设置需要，各教师培训机构有必要组建风气正、水平高、能力强、结构优化的培训师资团队，广泛吸收教育行政管理者、高校教师、专业培训者、中小学一线教师及社会多方优质资源，努力打造一支理念先进、视野开阔、业务精湛、具有现代培训意识和较强管理能力的培训者师资队伍。

2.优化培训实施方法

在师德培训过程中，要针对不同发展阶段教师的个体差异，且兼顾我国中小学教师教育和教师的区域差异，因地制宜地采用多样化的培训组织形式，优化培训过程。要开展多途径培训，注重以“学科育德”为有力抓手，帮助各学科教师科学挖掘、有效落实各学科课程标准和教材中的育德内容，逐步形成中小学纵贯横通、分层递进的学科育德培训系列。需要充分挖掘各类优秀案例，如中外历史名人、当代优秀人物、教师以及学生中的优秀个体等，建立并不断丰富师德培训和自主研修的资源库和师资库，在汇集全社会有形和隐形优质师资力量的基础上，实现资源共享，全面提高本地区中小学教师师德培训工作效果。

倡导自主学习、合作学习、体验性学习、研究性学习和创新性学习，运用专家讲授、案例研究、经典阅读、发掘师德典型、讲好师德故事等多种教学方法，确保培训实施的效果。

师德存在于教师工作和生活的整体，是基于家庭、学校和社会真实情景，体现在师生关系、同事关系和家庭关系等具体的实践中。美国州际新教师评估和支持联盟（INTASC）指出：“教师要持续进行学习，反思自身教学实践，不断调整自身教学以适应每一个学生的需要。”教师自身要不断加强依据自身特点选择适宜性培训课程的能力，以及将培训课程内容转化为教育教学实践、日常行为习惯的能力，不断督促自身形成关于专业教师身份的新认知、新行为、新习惯和新品行。

3.创新完善评价机制

培训效果要与学生身心健康水平提升相联系，重点考察教师在认识自我与建构和谐师生关系、同事关系、家庭关系以及家校关系等方面的成长状态。在现有的师德培训经验和工作模式的基础上，不断创新完善评价机制，增强教师对师德的体悟，促进教师对师德的践行，全面提升教师的职业道德素养。各地、各培训机构要采用定性评价与定量评价、即时评价与后续评价、阶段性评价与整体性评价、自评与他评相结合等多元评价方式。

针对师德培训项目本身和具体培训课程设计与实施有效性的评估，鼓励以各级各类教育行政部门为主导，在加强师德及师德培训课程建设标准研究的基础上，引入社会专业评估机构等第三方协同评估，协力形成由专业培训机构评价、同行评价、专家评价以及社会评价和教师自我评价等多维度、多主体参与的立体评价机制，促使教师成为“四有”好老师，当好学生的“四个引路人”。

（四）A、B、C三类课程例举

如上所述，按照培训内容框架分A、B、C三类课：A是指必修的通识、基础性课程，这是教师应该掌握的师德的一般内容；B是指拓展性、体验性课程，这是提高教师师德情感的内容，例如深入社会（提高责任感）、接触名师（树立榜样感）、观看相关影视（激发情感）、走近学生（以学论教感受）；C是专题化、特色化课程，体现因地因校制宜的内容。

这里，以上面表3“四有”好老师的要求，对有理想信念、有道德情操、有扎实学识、有仁爱之心四个方面的课程各举一个例子，列于下面4个表格中。

表4 理想信念

研修主题	课程专题	内容要点	课程分类
中国特色社会主义的理论与实践	习近平新时代中国特色社会主义思想及习近平总书记对教育的重要论述	习近平新时代中国特色社会主义思想的精神实质与丰富内涵；习近平总书记关于治国理政的新理念、新思想、新战略的基本内容，习近平新时代中国特色社会主义思想的科学内涵与重大意义；习近平总书记关于教育的重要论述；等等	A
	全面深化改革中的思想方法	改革中的目标引领、创新体制激发效能、基于已有问题的路径创新等	B
	革故立新——新一轮国家监察体制改革解读	认识深化国家监察体制改革的重大意义；树牢“四个意识”，把坚持和加强党的领导贯穿始终；聚焦主责主业，坚决担负起正风反腐的历史重任；加强自身建设，努力把制度优势转化为治理效能	C

表5 道德情操

研修主题	课程专题	内容要点	课程分类
道德榜样与行为规范	师德修养与政策解读	解读师德相关政策规定的教师基本素养和专业能力要求，教师师德在教师专业生活中的体现等	A
	平凡教师的感人故事	提供真实案例，向教师们呈现优秀教师在教育实践中的做法，同时提炼不同的教育理念，使教师的师德素养获得提升	B
	做青少年的心灵导师——青春期心理成长辅导	青春期生理、心理特点，理解青春期常见心理问题的表现及产生原因；帮助促进青少年学生心理健康；掌握指导学生学会学习、自我管理、形成良好个性品质等方面的有效途径和方法	C

表6　扎实学识

研修主题	课程专题	内容要点	课程分类
精益求精，持续改进	严谨治学的教师故事系列	通过对严谨治学的教师实践范例的整理与提炼，构建严谨治学行为数据库，形成生动有效的课程资源	A
	教师自我发展规划与突破高原区	教师自我发展规划制定的基本技巧，教师专业发展的常用策略，骨干教师突破高原区实现专业成长的路径等	B
	如何成为一名优秀教师	名师成长的一般规律，名师成长的现实路径，教师专业发展评价的方式方法，促进教师专业自主发展的基本途径与有效策略	C

表7　仁爱之心

研修主题	课程专题	内容要点	课程分类
爱字当头与严格要求	教师关爱学生的艺术	教育是一门科学，关爱学生是一门艺术，爱要讲究技巧、艺术，否则会适得其反。本课程重点讲述关爱学生的技巧、方法、策略、路径等	A
	关爱学生的故事、案例、反思	教师关爱学生的故事、案例，并反思学困生、特殊学生等特殊群体的教育策略	B
	学生关爱自己、关爱他人	以身示范，教会学生关心、帮助、爱护他人，让学生意识到关爱和理解他人就是关爱和尊重自己	C

附　录

教育部印发新时代教师职业行为准则

2018年教育部印发《新时代高校教师职业行为十项准则》《新时代中小学教师职业行为十项准则》《新时代幼儿园教师职业行为十项准则》，明确新时代教师职业规范，划定基本底线，深化师德师风建设。

教育部要求，要把准则要求落实到招聘、聘用、考核等教师管理具体工作中，实行师德失范“一票否决”，对于有严重侵害学生行为的，一经查实，要撤销其所获荣誉、称号，依法依规撤销教师资格、解除教师职务，将其清除出教师队伍。

新时代高校教师职业行为十项准则

教师是人类灵魂的工程师，是人类文明的传承者。长期以来，广大教师贯彻党的教育方针，教书育人，呕心沥血，默默奉献，为国家发展和民族振兴作出了重大贡献。新时代对广大教师落实立德树人根本任务提出新的更高要求，为进一步增强教师的责任感、使命感、荣誉感，规范职业行为，明确师德底线，引导广大教师努力成为有理想信念、有道德情操、有扎实学识、有仁爱之心的好老师，着力培养德智体美劳全面发展的社会主义建设者和接班人，特制定以下准则。

一、坚定政治方向。坚持以习近平新时代中国特色社会主义思想为指导，拥护中国共产党的领导，贯彻党的教育方针；不得在教育教学活动中及其他场合有损害党中央权威、违背党的路线方针政策的言行。

二、自觉爱国守法。忠于祖国，忠于人民，恪守宪法原则，遵守法律法规，依法履行教师职责；不得损害国家利益、社会公共利益，或违背社会公序良俗。

三、传播优秀文化。带头践行社会主义核心价值观，弘扬真善美，传递正能量；不得通过课堂、论坛、讲座、信息网络及其他渠道发表、转发错误观点，或编造散布虚假信息、不良信息。

四、潜心教书育人。落实立德树人根本任务，遵循教育规律和学生成长规律，因材施教，教学相长；不得违反教学纪律，敷衍教学，或擅自从事影响教育教学本职工作的兼职兼薪行为。

五、关心爱护学生。严慈相济，诲人不倦，真心关爱学生，严格要求学生，做学生良师益友；不得要求学生从事与教学、科研、社会服务无关的事宜。

六、坚持言行雅正。为人师表，以身作则，举止文明，作风正派，自重自爱；不得与学生发生任何不正当关系，严禁任何形式的猥亵、性骚扰行为。

七、遵守学术规范。严谨治学，力戒浮躁，潜心问道，勇于探索，坚守学术良知，反对学术不端；不得抄袭剽窃、篡改侵吞他人学术成果，或滥用学术资源和学术影响。

八、秉持公平诚信。坚持原则，处事公道，光明磊落，为人正直；不得在招生、考试、推优、保研、就业及绩效考核、岗位聘用、职称评聘、评优评奖等工作中徇私舞弊、弄虚作假。

九、坚守廉洁自律。严于律己，清廉从教；不得索要、收受学生及家长财物，不得参加由学生及家长付费的宴请、旅游、娱乐休闲等活动，或利用家长资源谋取私利。

十、积极奉献社会。履行社会责任，贡献聪明才智，树立正确义利观；不得假公济私，擅自利用学校名义或校名、校徽、专利、场所等资源谋取个人利益。

新时代中小学教师职业行为十项准则

教师是人类灵魂的工程师，是人类文明的传承者。长期以来，广大教师贯彻党的教育方针，教书育人，呕心沥血，默默奉献，为国家发展和民族振兴作出了重大贡献。新时代对广大教师落实立德树人根本任务提出新的更高要求，为进一步增强教师的责任感、使命感、荣誉感，规范职业行为，明确师德底线，引导广大教师努力成为有理想信念、有道德情操、有扎实学识、有仁爱之心的好老师，着力培养德智体美劳全面发展的社会主义建设者和接班人，特制定以下准则。

一、坚定政治方向。坚持以习近平新时代中国特色社会主义思想为指导，拥护中国共产党的领导，贯彻党的教育方针；不得在教育教学活动中及其他场合有损害党中央权威、违背党的路线方针政策的言行。

二、自觉爱国守法。忠于祖国，忠于人民，恪守宪法原则，遵守法律法规，依法履行教师职责；不得损害国家利益、社会公共利益，或违背社会公序良俗。

三、传播优秀文化。带头践行社会主义核心价值观，弘扬真善美，传递正能量；不得通过课堂、论坛、讲座、信息网络及其他渠道发表、转发错误观点，或编造散布虚假信息、不良信息。

四、潜心教书育人。落实立德树人根本任务，遵循教育规律和学生成长规律，因材施教，教学相长；不得违反教学纪律，敷衍教学，或擅自从事影响教育教学本职工作的兼职兼薪行为。

五、关心爱护学生。严慈相济，诲人不倦，真心关爱学生，严格要求学生，做学生良师益友；不得歧视、侮辱学生，严禁虐待、伤害学生。

六、加强安全防范。增强安全意识，加强安全教育，保护学生安全，防范事故风险；不得在教育教学活动中遇突发事件、面临危险时，不顾学生安危，擅离职守，自行逃离。

七、坚持言行雅正。为人师表，以身作则，举止文明，作风正派，自重自爱；不得与学生发生任何不正当关系，严禁任何形式的猥亵、性骚扰行为。

八、秉持公平诚信。坚持原则，处事公道，光明磊落，为人正直；不得在招生、考试、推优、保送及绩效考核、岗位聘用、职称评聘、评优评奖等工作中徇私舞弊、弄虚作假。

九、坚守廉洁自律。严于律己，清廉从教；不得索要、收受学生及家长财物或参加由学生及家长付费的宴请、旅游、娱乐休闲等活动，不得向学生推销图书报刊、教辅材料、社会保险或利用家长资源谋取私利。

十、规范从教行为。勤勉敬业，乐于奉献，自觉抵制不良风气；不得组织、参与有偿补课，或为校外培训机构和他人介绍生源、提供相关信息。

新时代幼儿园教师职业行为十项准则

教师是人类灵魂的工程师，是人类文明的传承者。长期以来，广大教师贯彻党的教育方针，教书育人，呕心沥血，默默奉献，为国家发展和民族振兴作出了重大贡献。新时代对广大教师落实立德树人根本任务提出新的更高要求，为进一步增强教师的责任感、使命感、荣誉感，规范职业行为，明确师德底线，引导广大教师努力成为有理想信念、有道德情操、有扎实学识、有仁爱之心的好老师，着力培养德智体美劳全面发展的社会主义建设者和接班人，特制定以下准则。

一、坚定政治方向。坚持以习近平新时代中国特色社会主义思想为指导，拥护中国共产党的领导，贯彻党的教育方针；不得在保教活动中及其他场合有损害党中央权威和违背党的路线方针政策的言行。

二、自觉爱国守法。忠于祖国，忠于人民，恪守宪法原则，遵守法律法规，依法履行教师职责；不得损害国家利益、社会公共利益，或违背社会公序良俗。

三、传播优秀文化。带头践行社会主义核心价值观，弘扬真善美，传递正能量；不得通过保教活动、论坛、讲座、信息网络及其他渠道发表、转发错误观点，或编造散布虚假信息、不良信息。

四、潜心培幼育人。落实立德树人根本任务，爱岗敬业，细致耐心；不得在工作期间玩忽职守、消极怠工，或空岗、未经批准找人替班，不得利用职务之便兼职兼薪。

五、加强安全防范。增强安全意识，加强安全教育，保护幼儿安全，防范事故风险；不得在保教活动中遇突发事件、面临危险时，不顾幼儿安危，擅离职守，自行逃离。

六、关心爱护幼儿。呵护幼儿健康，保障快乐成长；不得体罚和变相体罚幼儿，不得歧视、侮辱幼儿，严禁猥亵、虐待、伤害幼儿。

七、遵循幼教规律。循序渐进，寓教于乐；不得采用学校教育方式提前教授小学内容，不得组织有碍幼儿身心健康的活动。

八、秉持公平诚信。坚持原则，处事公道，光明磊落，为人正直；不得在入园招生、绩效考核、岗位聘用、职称评聘、评优评奖等工作中徇私舞弊、弄虚作假。

九、坚守廉洁自律。严于律己，清廉从教；不得索要、收受幼儿家长财物或参加由家长付费的宴请、旅游、娱乐休闲等活动，不得推销幼儿读物、社会保险或利用家长资源谋取私利。

十、规范保教行为。尊重幼儿权益，抵制不良风气；不得组织幼儿参加以营利为目的的表演、竞赛等活动，或泄露幼儿与家长的信息。

如何开展准则的学习贯彻？如何把准则要求落实到教师管理具体工作中？

一、准则是教师职业行为的基本规范。师德师风是评价教师队伍素质的第一标准。长期以来，广大教师牢记使命、不忘初心，爱岗敬业、教书育人，改革创新、服务社会，作出了重大贡献，党和国家高度肯定，学生、家长和社会普遍尊重。但是，也有个别教师放松自我要求，不能认真履职尽责，甚至出现严重违反师德行为，损害教师队伍整体形象。制定教师职业行为准则，明确新时代教师职业规范，针对主要问题、突出问题划定基本底线，是对广大教师的警示提醒和严管厚爱，是深化师德师风建设，造就政治素质过硬、业务能力精湛、育人水平高超的高素质教师队伍的关键之举。

二、立即部署扎实开展准则的学习贯彻。各地各校要立即行动，结合落实师德师风建设长效机制，开展准则的学习贯彻。要结合本地区、本学校实际进行细化，制定具体化的教师职业行为负面清单及失范行为处理办法，提高针对性、操作性。要做好宣传解读，坚持全覆盖、无死角，采取多种形式帮助广大教师全面理解和准确把握，做到人人应知应做、必知必做，真正把教书育人和自我修养结合起来，时刻自重、自省、自警、自励，自觉做以德立身、以德立学、以德施教、以德育德的楷模，维护教师职业形象，提振师道尊严。

三、把准则要求落实到教师管理具体工作中。要把好教师入口关，在教师招聘、引进时组织开展准则的宣讲，确保每位新入职教师知准则、守底线。要将准则要求体现在教师聘用、聘任合同中，明确有关责任。要强化考核，在教师年度考核、职称评聘、推优评先、表彰奖励等工作中必须进行师德考核，实行师德失范“一票否决”。改进师德考核方式方法，避免形式化、随意化。完善师德考核指标体系，提高科学性、实效性。

四、以有力措施坚决查处师德违规行为。各地各校要按照准则及相应的处理指导意见、处理办法要求，严格举报受理和违规查处。对于发生准则中禁止行为的，要态度坚决，一查到底，依法依规严肃惩处，绝不姑息。对于有虐待、猥亵、性骚扰等严重侵害学生行为的，一经查实，要撤销其所获荣誉、称号，追回相关奖金，依法依规撤销教师资格、解除教师职务、清除出教师队伍，同时还要录入全国教师管理信息系统，任何学校不得再聘任其从事教学、科研及管理等工作。涉嫌违法犯罪的要及时移送司法机关依法处理。要严格落实学校主体责任，建立师德建设责任追究机制，对师德违规行为监管不力、拒不处分、拖延处分或推诿隐瞒等失职失责问题，造成不良影响或严重后果的，要按照干部管理权限严肃追究责任。